Fooiadviezen

De cijfers en percentage u een idee te geven van paalde dienst. Wij hebbe geld bij de rekening is in

In een pub is het tegen : fooi te geven. Het is ecl een drankje aan te bieden.

Natuurlijk blijft het geven van een fooi een persoonlijke kwestie. Het te geven correcte bedrag zal bovendien aanzienlijk variëren al naargelang de categorie van het hotel of restaurant, de grootte van de stad enz.

HOTEL	
Rekening	10–15% (meestal inclusief)
Kruier, per koffer	50p minimum
Piccolo	20–50p
Kamermeisje, per week	£ 3–4 (facultatief)
Portier, zorgt voor taxi	20–50p
RESTAURANT	
Rekening	15% (meestal inclusief)
Ober	10–15% (als bediening niet is inbegrepen)
Garderobe	20p
Toiletjuffrouw	5p
Taxichauffeur	10–15% (10p minimum)
Dames-/Herenkapper	15%
Ouvreuse (schouwburg)	geen
Gids	10% (facultatief)

TAALGIDSEN VAN BERLITZ

Internationaal bekende taalgidsen met een schat aan woorden en zinnen, een grote verscheidenheid aan nuttige wenken en gegevens en een volledige fonetische spelling. Gemakkelijk te lezen en handig in het gebruik.

Duits
Engels
Amerikaans Engels
Frans
Grieks

Italiaans
Joegoslavisch
Portugees
Russisch
Spaans

CASSETTES VAN BERLITZ

De meeste hierboven genoemde titels zijn eveneens verkrijgbaar in combinatie met tweetalige cassettes die u aan een goede uitspraak zullen helpen. Bij de cassettes ingesloten vindt u de complete tekst in twee talen van alle opgenomen woorden en zinnen.

BERLITZ®

ENGELS
VOOR OP REIS

Een uitgave van Berlitz Gidsen

Herziene uitgave
9e druk 1990

Printed in Switzerland

Voorwoord

Bij de bewerking van deze herziene druk van *Engels voor op reis* hebben wij de gelegenheid te baat genomen om vele suggesties en opmerkingen van onze lezers te verwerken. Het resultaat is:

● een schat aan woorden en zinnen die u tijdens uw reis nodig zult hebben

● een volledige fonetische spelling, die u de uitspraak toont van woorden en zinnen

● een grote verscheidenheid aan nuttige wenken en gegevens in het bijzonder voor wat betreft het reizen in Engeland, maar ook betrekking hebbend op Schotland en Noord-Ierland

● een logische indeling, zodat u in voorkomende gevallen onmiddellijk de juiste uitdrukking bij de hand hebt

● speciale rubrieken met de mogelijke antwoorden van uw gesprekspartner. U hoeft hem slechts het boekje te geven zodat hij u de juiste uitdrukking kan aanwijzen. Dit is vooral praktisch in bepaalde moeilijke situaties (dokter, automonteur, enz.)

● tijdbesparing bij het opzoeken door de gekleurde bladzijden. De belangrijkste onderwerpen staan op de achteromslag van het boekje vermeld en een volledig register vindt u op de bladzijden 190–191

● een tabel op blz. 1 met richtlijnen voor het geven van fooien

● een handige naslagrubriek over van alles en nog wat.

Dit zijn maar enkele praktische voordelen. Er is een uitgebreid hoofdstuk over ,,Uit eten'', waarin een vertaling en enige uitleg is opgenomen van de meeste gerechten die op een engelse spijskaart voorkomen. Een volledige handleiding voor het ,,Winkelen" stelt u in staat om alles te vinden wat u zoekt. Moeilijkheden met de auto? Ook daarvoor is er een apart hoofdstuk, waar u alles in twee talen vindt. Bent u ziek? Het medische gedeelte vergemakkelijkt het contact met de dokter.

Als u ten volle profijt wilt hebben van *Engels voor op reis,* dan kunt u het beste beginnen met de ,,Uitspraak" op bladzijde 13. Neemt u vervolgens ,,Enkele woorden en uitdrukkingen" door op bladzijde 17. Op die manier verwerft u niet alleen een zeker minimum aan woordenkennis, maar leert u ook de uitspraak.

Wij zijn mevrouw Catheline Bijleveld-Gevaerts, mejuffrouw Tineke Hoosemans en mevrouw Anke Kipfer zeer erkentelijk voor hun medewerking evenals dr. T.J.A. Bennett, die de fonetische spelling heeft verzorgd.

Gaarne houden wij ons aanbevolen voor commentaar, kritiek en suggesties die ons van nut kunnen zijn bij toekomstige uitgaven.

Dank u. Goede reis!

Op talrijke plaatsen in dit boek zult u deze afbeeldingen aantreffen. Ze staan boven korte passages die bestemd zijn voor personen die iets tegen u willen zeggen. Als u het niet verstaat, geeft u dan het boekje aan uw gesprekspartner en laat hem de juiste zin aanwijzen in zijn eigen taal. De Nederlandse vertaling staat ernaast.

Beknopte grammatica

Het lidwoord

Het **onbepaald lidwoord** heeft twee vormen: **a** voor woorden die met een medeklinker beginnen en **an** voor woorden die met een klinker of een stomme h beginnen.

a coat	een jas
an umbrella	een paraplu
an hour	een uur

Het **bepaald lidwoord** heeft slechts één vorm: **the.**

the room	de kamer
the rooms	de kamers

Some geeft een onbepaald aantal of een onbepaalde hoeveelheid aan. Het komt overeen met het Nederlandse „iets, wat, enkele".

I'd like some tea, please.	Ik wil graag thee.
Please bring me some cigarettes.	Wilt u mij wat sigaretten brengen?

In vragende en ontkennende zinnen gebruikt men **any** in plaats van **some.**

There isn't any soap.	Er is geen zeep.
Do you have any stamps?	Hebt u postzegels?
Is there any mail for me?	Is er post voor mij?

Het zelfstandig naamwoord

Het meervoud van de meeste zelfstandige naamwoorden wordt gevormd door aan het enkelvoud **-(e)s** toe te voegen.

cup – cups	kopje – kopjes
dress – dresses	jurk – jurken

Wanneer een zelfstandig naamwoord op **-y** eindigt en de voorlaatste letter een medeklinker is, wordt de meervouds-uitgang **-ies;** als de voorlaatste letter echter een klinker is dan wordt het meervoud op de normale wijze gevormd.

lady – ladies	dame – dames
key – keys	sleutel – sleutels

De volgende zelfstandige naamwoorden hebben een on-regelmatig meervoud.

man – men	man – mannen
woman – women	vrouw – vrouwen
child – children	kind – kinderen
foot – feet	voet – voeten
tooth – teeth	tand – tanden

Om een bezit of toebehoren uit te drukken maken de Engel-sen onderscheid tussen mensen en dingen.

1. Als de bezitter een mens is en het zelfstandig naamwoord niet met **s** eindigt, dan wordt **'s** toegevoegd:

the boy's room	de kamer van de jongen
Anne's dress	Anna's jurk
the children's clothes	de kleren van de kinderen

Eindigt het zelfstandig naamwoord wel met **s**, dan wordt alleen een apostrophe (') toegevoegd:

the boys' room	de kamer van de jongens

2. Als de bezitter een ding is, gebruikt men het voorzetsel **of.**

the key of the door	de sleutel van de deur

Het bijvoeglijk naamwoord

De bijvoeglijke naamwoorden staan gewoonlijk voor het zelfstandig naamwoord.

a large brown suitcase	een grote bruine koffer

De **vergrotende** en **overtreffende** trap van.een bijvoeglijk naamwoord kunnen op twee manieren gevormd worden.

1. alle bijvoeglijke naamwoorden van één lettergreep en vele van twee lettergrepen krijgen **-(e)r** en **-(e)st**:

small – smaller – smallest   klein – kleiner – kleinst

2. bijvoeglijke naamwoorden van drie of meer lettergrepen (plus enkele van twee, bv. die met als laatste lettergreep **-ful** of **-less**) maken de vergrotende trap en overtreffende trap met behulp van **more** en **most**:

expensive (duur) **– more expensive – most expensive**

careful (voorzichtig) **– more careful – most careful**

De volgende bijvoeglijke naamwoorden zijn onregelmatig:

good (goed) **– better – best**   **much** (veel) $\Big\}$
bad (slecht) **– worse – worst**   **many** (vele) $\Big\}$ **– more – most**
little (klein) **– less – least**

Voornaamwoorden

	persoonlijk voornaamwoord		bezittelijk voornaamwoord	
	onderwerp	lijdend voorwerp	1	2
ik	**I**	**me**	**my**	**mine**
jij	**you***	**you***	**your**	**yours**
hij	**he**	**him**	**his**	**his**
zij	**she**	**her**	**her**	**hers**
het	**it**	**it**	**its**	**its**
wij	**we**	**us**	**our**	**ours**
u	**you**	**you**	**your**	**yours**
zij	**they**	**them**	**their**	**theirs**

De vormen onder 1 worden gebruikt als het bezittelijk voornaamwoord voor een zelfstandig naamwoord staat, die on-

* Het Engels kent geen onderscheid tussen „jij" en „u", in beide gevallen zegt men **you**.

der 2 gelden voor een zelfstandig gebruikt bezittelijk voornaamwoord.

Where's my key?	Waar is mijn sleutel?
It's not mine.	Dat is niet de mijne.
It's yours.	Dat is de uwe.

Het aanwijzend voornaamwoord

This (meervoud **these**) heeft betrekking op iets wat in tijd of plaats nabij is, **that** (meervoud **those**) op iets wat verder weg is. (Nederlands: dit/deze; dat/die).

Is this seat taken?	Is deze plaats bezet?
That's my seat.	Dat is mijn plaats.
Those aren't my suitcases.	Dat zijn mijn koffers niet.
This one is mine.	Die is van mij.

Het bijwoord

De meeste bijwoorden worden gemaakt door aan het bijvoeglijk naamwoord **-ly** toe te voegen.

quick/quickly –slow/slowly   vlug – langzaam

Uitzonderingen:

good/well – fast/fast   goed – snel

De hulpwerkwoorden (tegenwoordige tijd)

to be (zijn)

volledige vorm	verkorte vorm	ontkennende	verkorte vorm
I am	I'm	I'm not	I'm not
you are	you're	you're not	you aren't
he/she/it is	he's/she's/it's	he's/she's/it's not	he/she/it isn't
we are	we're	we're not	we aren't
you are	you're	you're not	you aren't
they are	they're	they're not	they aren't

Vragende vorm: **Am I? – Is he? – Are they?**

In de omgangstaal worden bijna uitsluitend de verkorte vormen gebruikt.

There is a man in the room.   Er is een man in de kamer.
There are men in the room.   Er zijn mannen in de kamer.

Vragende vorm: **Is there? – Are there?**
Ontkennende vorm: **There isn't – There aren't**

to have (hebben)

volledige vorm	verkorte vorm	ontkennende verkorte vorm
I have	I've	I haven't
you have	you've	you haven't
he/she/it has	he's/she's/it's	he/she/it hasn't
we have	we've	we haven't
you have	you've	you haven't
they have	they've	they haven't

Vragende vorm: **Have you? – Has she?**

to do (doen)

I do, you do, he/she/it does, we do, you do, they do

Vragende vorm: **Do you? – Does she?**
Ontkennende vorm: **I do not (I don't) – He does not (he doesn't)**

Alle hulpwerkwoorden volgen dezelfde regels:

1. De ontkennende vorm wordt met behulp van **not** gevormd.

2. De vragende vorm ontstaat door inversie (eerst gezegde dan onderwerp).

De andere werkwoorden

In de tegenwoordige tijd zijn alle persoonsvormen gelijk aan de onbepaalde wijs, behalve de derde persoon enkelvoud die ontstaat door toevoeging van **-(e)s** aan de onbepaalde wijs.

GRAMMATICA

	to speak (spreken)	to ask (vragen)	to go (gaan)
I	speak	ask	go
you	speak	ask	go
he/she/it	speaks	asks	goes
we	speak	ask	go
you	speak	ask	go
they	speak	ask	go

De **voltooid verleden** tijd wordt gevormd door **-(e)d** aan de onbepaalde wijs toe te voegen.

Het **tegenwoordig deelwoord** wordt gevormd door **-ing** aan de onbepaalde wijs toe te voegen.

De **ontkennende vorm** wordt gemaakt met het hulpwerkwoord **do** + **not** + onbepaalde wijs.

I do not (don't) like this hotel. Ik vind dit hotel niet aardig.

De **vragende vorm** wordt gemaakt met het hulpwerkwoord **do** + onderwerp + onbepaalde wijs.

Do you drink wine? Drinkt u wijn?

Om aan te geven dat men met iets bezig is of dat iets nog voortduurt terwijl men spreekt, gebruiken de Engelsen een vorm van het werkwoord **to be** + het tegenwoordig deelwoord.

What are you doing? Wat bent u aan het doen?
I'm writing a letter. Ik ben een brief aan het schrijven.

De **gebiedende wijs** (enkelvoud en meervoud) heeft dezelfde vorm als de onbepaalde wijs (zonder **to**). De ontkennende vorm wordt met **do not (don't)** gemaakt.

Be quiet! Wees stil!
Don't be late! Kom niet te laat!
Bring me some water! Breng mij wat water!

Uitspraak

Dit hoofdstuk en het volgende hebben tot doel u vertrouwd te maken met ons fonetisch transcriptiesysteem en u aan de klanken van de Engelse taal te wennen.

Als minimale vocabulaire voor uw reis hebben wij onder het hoofd „Enkele woorden en uitdrukkingen" een aantal elementaire woorden, uitdrukkingen en zinnetjes geselecteerd (zie blzn. 17–21).

Globaal overzicht van spelling en klanken van het Engels

Hieronder vindt u een uiteenzetting van de uitspraak van de Engelse letters en klanken, alsmede van de door ons gebruikte tekens om die uitspraak in schrift uit te drukken.

De in schrift nagebootste uitspraak moet – met uitzondering van enkele nader aan te geven speciale regels – gelezen worden alsof het Nederlands is. Natuurlijk zijn de klanken zoals die in twee verschillende talen voorkomen nooit helemaal dezelfde, maar als u onze aanwijzingen goed volgt zult u onze fonetische transcripties toch zonder moeite zo lezen dat u zich verstaanbaar zult kunnen maken.

In onze transcripties geven wij de uitspraak van tweeklanken aan door het minder benadrukte deel hoger op de regel af te drukken, b.v. in **k*ᵒᵉik** wordt de **i**-klank meer benadrukt dan de **oe**-klank.

In de nagebootste uitspraak moeten de vet gedrukte letters met meer nadruk (luider) uitgesproken worden dan de andere.

De onbeklemtoonde klinkers worden dikwijls uitgesproken als de **u** in p**u**t, vooral als zij snel uitgesproken worden (symbool e). Men moet dus weten welke lettergreep de klemtoon heeft, om een juiste uitspraak van het woord te hebben.

Medeklinkers

Letter	Nagebootste uitspraak	Symbool	Voorbeeld	
c, f, h, k, l, m, n, p, r, t, x, z	worden uitgesproken als in het Nederlands			
b	altijd als in be**n**, nooit als in he**b**	b	**pub**	pab
ch	als **tsj** in **tsj**irpen	tsj	**cheap**	tsjiep
d	altijd als in **d**och, nooit als in raa**d**	d	**road**	rood
g	1) voor **e, i, y**: gewoonlijk als in **g**entleman of **g**in	dzj	**gin**	dzjin
	2) anders als in het Frans **g**arçon	gh	**go**	ghoo
j	als **g** in **g**entleman of **g**in	dzj	**jam**	dzjæm
qu	als **k** in **k**at gevolgd door een korte zachte oe-klank (ongeveer als **kw** in **kw**ik)	k^{oe}	**quick**	k^{oe}ik
r	min of meer zoals in het Nederlands, maar niet rollend	r	**read**	ried
s	1) tussen twee klinkers en aan het eind van een woord als **z** in **z**ee	z	**visit**	wizzit
	2) in de lettergrepen **-si-** en **-su-** als een zachte sj-klank zoals **sj**ilpen	zj	**vision** **measure**	wizjən mezjə
	3) anders als in **s**amen	s	**sit**	sit
sh	als **sj** in **sj**ouw	sj	**show**	sjoo
th	1) soms (meestal voor een klinker) als **z** in **z**ee, maar slissend	ð	**father**	faaðə
	2) soms (meestal aan het eind van een woord) als **s** in **s**amen, maar slissend	θ	**birth**	beuθ
v	als een klank tussen de **v** in **v**an en **w** in **w**as	w	**very**	werri
w	een korte zachte oe-klank verbonden met de volgende klinker	^{oe}	**we**	^{oe}ie

Klinkers

a	1) voor een medeklinker gevolgd door een klinker: als **ee** in zee	ee*	**safe**	seef
	2) tussen **w** en een klinker meestal als **o** in pot	ᵒᵉo	**was**	ᵒᵉoz
	3) in sommige gevallen, meestal gevolgd door **s**, als in gans	aa	**pass** **dance**	paas daans
	4) elders (vooral voor medeklinkers behalve **r**) tussen de **a** in kat en de **e** in men	æ	**man**	mæn
e	1) voor een medeklinker gevolgd door een klinker: dikwijls als **ie** in zie	ie	**these**	ðiez
	2) elders als in best	e	**ten**	ten
i	1) voor een medeklinker gevolgd door een klinker als de uitroep **ai**	ai	**mine**	main
	2) elders als in kip	i	**miss**	mis
o	1) voor een medeklinker gevolgd door een klinker: als **oo** in poot	oo*	**note**	noot
	2) voor een medeklinker als in pot	o	**not**	not
	3) soms als **a** in kat	a	**mother**	maðə
u	1) voor een medeklinker, als de **a** in kat	a	**must**	mast
	2) voor een medeklinker gevolgd door een klinker (maar niet achter **j**, **l**, **r**, of **s**), als **joe** in miljoen	jōē	**tune**	tjōēn
	3) elders als **oe** in boer of **oe** in koek	ōē oe	**rude** **put**	rōēd poet
y	1) in enkele woorden van een lettergreep, als de uitroep **ai**	ai	**my**	mai
	2) aan het begin van een woord als **j** in ja	j	**yes**	jes
	3) elders, in het algemeen als **i** in kip	i	**many**	menni

UITSPRAAK

* Wellicht zult u na **ee** of **oo** respectievelijk een korte j- of uw-klank horen, maar men zal u zonder meer goed verstaan als u onze fonetische transcripties volgt.

Klanken geschreven met twee of meer letters

ai, ay	als **ee** in z**ee**	ee	**day**	dee
ar	als **aa** in l**aa**t	aa	**car**	kaa
au, aw, oar, or	als **ô** in Rhône, maar langer	ôô	**raw**	rôô
ea, ee, ei, ie	als **ie** in z**ie**	ie	**deep**	diep
er, ir, ur	1) voor een medeklinker (of aan het eind van een woord) als **eu** in d**eu**r, maar open uitgesproken zonder de lippen te tuiten	eu	**third**	θeud
	2) voor een klinker, als **ie** (z**ie**), **e** (p**e**t), de uit- roep **ai** of **joe** in mil**joe**n, gevolgd door een korte zachte eu-klank	ieə eə aiə jōēə	**here** **there** **fire** **pure**	hieə ðeə faiə pjōēə
eau, eu, ew	als **joe** in mil**joe**n	jōē	**few**	fjōē
igh	als de uitroep **ai**	ai	**high**	hai
oa	als **oo** in p**oo**t	oo	**boat**	boot
oi, oy	als **oi** in de uitroep h**oi**	oi	**boy**	boi
oo	als **oe** in k**oe**k	ōē	**soon**	sōēn
ou	dikwijls als **au** in p**au**w	au	**hour**	auə
ow	1) dikwijls als **au** in p**au**w	au	**now**	nau
	2) dikwijls als **oo** in p**oo**t	oo	**low**	loo
-ssion -tion	aan het eind van een woord als **sj** in **sj**ouwen, gevolgd door een zachte **n** als 'n (boek)	sjən	**station**	stee**sj**ən

Enkele woorden en uitdrukkingen

Ja.	**Yes.**	jes
Nee.	**No.**	noo
Alstublieft.	**Please.**	pliez
Dank u.	**Thank you.**	θænk jōē
Hartelijk dank.	**Thank you very much.**	θænk jōē werri matsj
Niets te danken.	**Don't mention it.**	doont mensjən it
Pardon.	**Sorry.**	sorri

Begroetingen

Goedemorgen.	**Good morning.**	ghoed môôning
Goedemiddag.	**Good afternoon.**	ghoed aaftənōēn
Goedenavond.	**Good evening.**	ghoed iewning
Goedenacht.	**Good night.**	ghoed nait
Tot ziens.	**Good-bye.**	ghoedbai
Tot straks.	**See you later.**	sie jōē leetə
Goede reis!	**Have a nice trip!**	hæw ə nais trip
Dit is mijnheer ...	**This is Mr ...**	ðis iz mistə
Dit is mevrouw ...	**This is Mrs ...**	ðis iz missiz
Dit is juffrouw ...	**This is Miss ...**	ðis iz mis
Aangenaam kennis te maken.	**I'm pleased to meet you.**	aim pliezd tōē miet jōē
Hoe gaat het?	**How are you?**	hau aa jōē
Heel goed, dank u. En u?	**Very well, thank you. And you?**	werri °ᵉel θænk jōē. ænd jōē

Vragen

Waar?	**Where?**	°ᵉeə
Waar is/Waar zijn ...?	**Where is/Where are ...?**	°ᵉeəriz/°ᵉeəraa
Wanneer?	**When?**	°ᵉen
Wat?	**What?**	°ᵉot

Hoe?	**How?**	hau
Hoeveel? (enk.)	**How much?**	hau matsj
Hoeveel? (mv.)	**How many?**	hau menni
Wie?	**Who?**	hōē
Welk/Welke?	**Which?**	oeitsj
Waarom?	**Why?**	oeai
Hoe noem u dit/dat?	**What do you call this/that?**	oeot dōē jōē kôôl ðis/ðæt
Wat betekent dit/dat?	**What does this/that mean?**	oeot daz ðis/ðæt mien

Spreekt u...?

Spreekt u Nederlands?	**Do you speak Dutch?**	dōē jōē spiek datsj
Spreekt hier iemand Nederlands?	**Does anyone here speak Dutch?**	daz ennioean hiee spiek datsj
Ik spreek slechts een beetje Engels.	**I don't speak much English.**	ai doont spiek matsj inghlisj
Ik kom uit Holland/België.	**I'm Dutch/Belgian.**	aim datsj/beldzjen
Ik begrijp het.	**I understand.**	ai andestænd
Ik begrijp het niet.	**I don't understand.**	ai doont andestænd
Kunt u het nog eens herhalen, a.u.b.?	**Please repeat.**	pliez ripiet
Kunt u wat langzamer spreken, a.u.b.?	**Could you speak more slowly, please?**	koed jōē spiek môô slooli pliez
Wijs me de zin aan in het boek, a.u.b.	**Please point to the phrase in the book.**	pliez point tōē ðe freez in ðe boek
Een ogenblik. Ik zal proberen het in dit boek op te zoeken.	**Just a minute. I'll see if I can find it in this book.**	dzjast e minnit. ail sie if ai kæn faind it in ðis boek

Kunnen/Mogen

Mag ik ... hebben?	**Can I have ...?**	kæn ai hæw
Mogen wij ... hebben?	**Can we have ...?**	kæn oeie hæw

Kunt u mij … laten zien?	**Can you show me …?**	kæn jōē sjoo mie
Kunt u mij zeggen …?	**Can you tell me …?**	kæn jōē tel mie
Kunt u mij helpen, a.u.b.?	**Can you help me, please?**	kæn jōē help mie pliez

Wensen

Ik wil graag …	**I'd like …**	aid laik
Wij willen graag …	**We'd like …**	ᵒᵉied laik
Geeft u me …, a.u.b.	**Please give me …**	pliez ghiw mie
Geeft u het me, a.u.b.	**Please give me this.**	pliez ghiw mie ðis
Brengt u me …, a.u.b.	**Please bring me …**	pliez bring mie
Brengt u mij dat, a.u.b.	**Please bring me that.**	pliez bring mie ðæt
Ik heb honger.	**I'm hungry.**	aim **hang**hri
Ik heb dorst.	**I'm thirsty.**	aim θeusti
Ik ben moe.	**I'm tired.**	aim taiəd
Ik ben verdwaald.	**I'm lost.**	aim lost
Het is belangrijk.	**It's important.**	its impôôtənt
Het is dringend.	**It's urgent.**	its eudzjənt
Vlug!	**Hurry up!**	harri ap

Het is/Er is…

Het is/Er is …	**It is/It's …**	it iz/its
Is het …?	**Is it …?**	iz it
Het is niet …	**It isn't …**	it izzənt
Er is/Er zijn …	**There is/There are …**	ðeəriz/ðeəraa
Is er/Zijn er …?	**Is there/Are there …?**	iz ðeə/aa ðeə
Er is geen/Er zijn geen …	**There isn't/There aren't …**	ðeərizzənt/ðeəraant
Er is er geen/ Er zijn er geen.	**There isn't any/ There aren't any.**	ðeərizzənt enni/ðeəraant enni

Enkele veelvoorkomende woorden

goedkoop/duur	**cheap/expensive**	tsjiep/ek**spen**siw
goed/slecht	**good/bad**	ghoed/bæd
beter/slechter	**better/worse**	**bett**ə/°ᵉeus
juist/verkeerd	**right/wrong**	rait/rong
licht/zwaar	**light/heavy**	lait/**hew**wi
gemakkelijk/moeilijk	**easy/difficult**	**iez**i/**dif**fikəlt
vol/leeg	**full/empty**	foel/**emp**ti
vrij/bezet	**vacant/occupied**	**week**ənt/o**kjoe**paid
open/dicht	**open/shut**	**oop**ən/sjat
oud/jong	**old/young**	oold/jang
oud/nieuw	**old/new**	oold/njōē
groot/klein	**big/small**	bigh/smôôl
snel/langzaam	**quick/slow**	kᵒᵉik/sloo
mooi/lelijk	**beautiful/ugly**	**bjōē**tifəl/**agh**li
warm/koud	**warm/cold**	ᵒᵉôôm/koold
nimmer/altijd	**never/always**	**new**wə/**ôôl**ᵒᵉeez
vroeg/laat	**early/late**	**eul**i/leet
dichtbij/ver	**near/far**	**nie**ə/faa
links/rechts	**left/right**	left/rait

Enkele voorzetsels en nog een paar nuttige woorden

achter	**behind**	bə**haind**
aan, bij	**to**	tōē
voor	**for**	fôô
tot	**until**	an**til**
naar	**towards**	toe°°**ôôdz**
sedert	**since**	sins
door	**through**	θrōē
te	**at**	æt
in	**in**	in

tijdens	during	djōēring
met	with	oeið
zonder	without	oeiðaut
voor	before	bifôð
na	after	aaftə
tussen	between	bitoeien
op	on	on
onder	under	andə
boven	above	əbaw
geen	none	nan
en	and	ænd
of	or	ôô
ook	also	ôôlsoo
misschien	perhaps	pəhæps
niet	not	not
niets	nothing	naθing
niemand	nobody	noobədi
nu	now	nau
dadelijk	immediately	imiedjətli
graag	gladly	ghlædli
spoedig	soon	sōēn
al	already	ôôlreddi
dan	then	ðen
weer	again	əghen
daar	there	ðeə
hier	here	hieə
binnen	inside	insaid
buiten	outside	autsaid
neer	down	daun
op	up	ap
beneden	down	daun
boven	over	oowə
voorbij	along	əlong

Aankomst

Paspoortcontrole

De ingezetenen van de landen behorende tot de EEG kunnen Groot-Brittannië binnenkomen op vertoon van een paspoort of een identiteitskaart. Bij aankomst moet u ten behoeve van de immigratie-autoriteiten een *debarkation card* invullen met persoonlijke gegevens, waaronder ook uw adres in Engeland.

Hier is mijn pas/ identiteitsbewijs.	**Here's my passport/ identity card.**	hieəz mai **paas**pôôt/ ai**den**titi kaad
Ik blijf ...	**I'll be staying ...**	ail bie **stee**ing
een paar dagen	**a few days**	ə fjōē deez
een week	**a week**	ə ᵒᵉiek
2 weken	**2 weeks**	2 ᵒᵉieks
een maand	**a month**	ə manθ
Ik weet het nog niet.	**I don't know yet.**	ai doont noo jet
Ik ben hier met vakantie/voor een taalcursus.	**I'm here on holiday/for a language course.**	aim hieə on **holli**di/ fôô ə **læng**hᵒᵉidzj kôôs
Ik ben hier voor zaken.	**I'm here on business.**	aim hieə on **biz**nis
Ik ben op doorreis.	**I'm just passing through.**	aim dzjast **paa**sing θrōē
Het spijt mij, ik begrijp het niet.	**I'm sorry, I don't understand.**	aim **sor**ri ai doont andə**stænd**

Douane

In alle Britse havens en op alle Britse luchthavens moet u na de paspoortcontrole de met rode pijlen aangegeven route *(goods to declare)* volgen als u wel iets aan te geven hebt of de met groene pijlen aangegeven route *(nothing to declare)* als u niets aan te geven hebt. Over het algemeen wordt bij deze laatste route niet gecontroleerd, maar de douaneambtenaren nemen af en toe steekproeven.

DOUANEFORMALITEITEN VOOR AUTOMOBILISTEN, zie blz. 145

In onderstaande tabel kunt u zien wat u belastingvrij mag invoeren:

Sigaretten		Sigaren		Tabak	Sterkedrank		Wijn
300	of	75	of	400 g	1½ l	en	5 l
200	of	50	of	250 g	1 l	en	2 l
				(indien *duty-free* gekocht)			

Tegenwoordig kunt u ongelimiteerd valuta in- en uitvoeren. Huisdieren moeten zes maanden in quarantaine alvorens toegelaten te worden in Groot-Brittannië.

Ik heb niets aan te geven.	**I've nothing to declare.**	aiw naθing t$\overline{oe}$ dikleθ
Ik heb een ...	**I've a ...**	aiw θ
fles whisky	**bottle of whisky**	bottθl ow °θiski
slof sigaretten	**carton of cigarettes**	kaatθn ow sighθrets
Het is voor eigen gebruik.	**It's for my personal use.**	its fôô mai peusθnθl j$\overline{oe}$s
Het is niet nieuw.	**It's not new.**	its not nj$\overline{oe}$
Het is een cadeau.	**It's a gift.**	its θ ghift

AANKOMST

 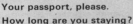

Your passport, please.	Uw paspoort, alstublieft.
How long are you staying?	Hoe lang denkt u te blijven?
Have you anything to declare?	Hebt u iets aan te geven?
Please open this bag.	Wilt u deze tas openmaken?
You'll have to pay duty on this.	U moet hier invoerrechten op betalen.
Have you any more luggage?	Hebt u nog meer bagage?

Bagage – Kruiers

Op de meeste stations en luchthavens staan gratis bagage-wagentjes en/of kruiers tot uw beschikking.

Kruier!	**Porter!**	pôôtə
Kunt u mijn bagage meenemen?	**Please take these bags.**	pliez teek ðiez bæghz
Deze zijn van mij.	**These are mine.**	ðiez aa main
Dat is mijn ...	**That's my ...**	ðæts mai
bagage/koffer/ reistas	**luggage/suitcase/ bag**	laghidzj/sōētkees/ bægh
Die ...	**That ... one.**	ðæt... °ºan
blauwe/bruine grote/kleine zwarte/geruite	**blue/brown big/small black/plaid**	blōē/braun bigh/smôôl blæk/plæd
Er ontbreekt er een.	**There's one piece missing.**	ðeez °ºan pies missing
Wilt u deze bagage naar de ... brengen, a.u.b.?	**Take these bags to the ..., please.**	teek ðiez bæghz tōē ðə ... pliez
bus/taxi bagagekluizen	**bus/taxi luggage lockers**	bas/tæksi laghidzj lokkəz
Hoeveel krijgt u?	**How much is that?**	hau matsj iz ðæt
Waar zijn de baga-gewagentjes?	**Where are the luggage trolleys?**	°ºeəraa ðə laghidzj trolliz

Geld wisselen

Waar kan ik geld wisselen?	**Where can I change foreign currency?**	°ºeə kæn ai tsjeendzj forrin karrənsi
Kunt u deze reis-cheques inwisse-len?	**Can you change these traveller's cheques?**	kæn jōē tsjeendzj ðiez træwələz tsjeks
Ik wil graag wat ... wisselen.	**I want to change some ...**	ai °ºont tōē tsjeendzj sam
Nederlandse guldens	**Dutch guilders**	datsj ghildəz
Belgische franken	**Belgian francs**	beldzjən frænks

FOOIEN, zie blz. 1

| Kunt u dit wisselen in ponden? | **Can you change this into pounds?** | kæn jōē tsjeendzj ðies intōē paundz |
| Hoe is de wisselkoers? | **What's the exchange rate?** | °°ots ði ekstsjeendzj reet |

Waar/Waarheen?

Hoe kom ik naar ...?	**How do I get to ...?**	hau dōē ai ghet tōē
Gaat er een bus naar het centrum?	**Is there a bus into town?**	iz ðeə ə bas intōē taun
Waar kan ik een taxi vinden?	**Where can I get a taxi?**	°°eə kæn ai ghet ə tæksi
Waar kan ik een auto huren?	**Where can I hire a car?**	°°eə kæn ai haiə ə kaa

Hotelreservering

Kunt u een hotel-kamer voor mij bespreken?	**Could you book me a hotel room, please?**	koed jōē boek mie ə hootel rōēm pliez
in het centrum in de buurt van het station	**in the town centre near the station**	in ðə taun sentə nieə ðə steesjən
een eenpersoons-/ tweepersoons-kamer	**a single room/ double room**	ə singhəl rōēm/ dabbəl rōēm
niet te duur	**not too expensive**	not tōē ekspensiw
Waar ligt het hotel?	**Where is the hotel located?**	°°eəriz ðə hootel lookeetid
Hebt u een platte-grond van de stad?	**Have you a street plan?**	hæw jōē ə striet plæn

Autoverhuur

Om bij een van de vele plaatselijke en internationale bedrij-ven een auto te kunnen huren moet u 21 jaar oud zijn en tenminste 12 maanden lang in het bezit van een rijbewijs zijn. Praktisch alle rijbewijzen worden door de Britse autori-teiten erkend.

HOTEL, zie blz. 28

Aan de hand van de volgende zinnetjes kunt u er zich van overtuigen dat het huurcontract met uw wensen overeenkomt.

Ik wil graag een ... auto huren.	I'd like to hire a ... car.	aid laik tōē haiǝ ǝ ... kaa
grote/kleine	large/small	laadzj/smôôl
Ik wil hem graag voor ...	I'd like it for ...	aid laik it fôô
een dag/4 dagen	a day/4 days	ǝ dee/4 deez
een week	a week	ǝ ᵒᵉiek
2 weken	2 weeks	2 ᵒᵉieks
Wat kost het per dag/week?	What's the charge per day/week?	ᵒᵉots ðǝ tsjaadzj peu dee/ ᵒᵉiek
Is het aantal mijlen daarbij inbegrepen?	Does that include mileage?	daz ðæt inklōēd mailidzj
Wat kost het per mijl*?	What's the charge per mile?	ᵒᵉots ðǝ tsjaadzj peu mail
Is dat inclusief de benzine?	Is petrol included?	iz petrǝl inklōēdid
Ik wil graag een all-risk verzekering.	I want full insurance.	ai ᵒᵉont foel insjōērǝns
Ik zal ongeveer 200 mijl afleggen.	I'll be doing about 200 miles.	ail bie dōēing ǝbaut 200 mailz
Hoeveel is de borgsom?	What's the deposit?	ᵒᵉots ðǝ dipozzit
Ik heb een credit card.	I've a credit card.	aiw ǝ kreddit kaad
Hier is mijn rijbewijs.	Here's my driving licence.	hieǝz mai draiwing laisǝns
Kan ik de auto weer afleveren bij één van uw vertegenwoordigingen?	Can I turn in the car at another of your agencies?	kæn ai teun in ðǝ kaa æt ǝnaðǝ ow jôô eedzjǝnsiz

N.B. De verhuurprijzen zijn meestal inclusief een W.A.-verzekering, maar exclusief BTW *(VAT)*.

---
* 1 mijl = 1,6 km   1 km = 0,6 mijl

EXCURSIES, zie blz. 76

(AANKOMST)

Taxi

Als een taxi vrij is, dan is het opschrift *Taxi* of *For Hire* verlicht. Zegt u voor u instapt waar u naartoe wilt, want taxichauffeurs – vooral die in Londen – zijn vaak nogal kieskeurig.

Voor veel ritten (b.v. vliegveld-centrum) geldt een vaste prijs, die op het vliegveld aangegeven staat. Vermijdt de z.g. „piraten", onofficiële taxi's die zonder meter rijden en gewoonlijk veel duurder zijn.

Waar kan ik een taxi vinden?	**Where can I get a taxi?**	ᵒᵉeə kæn ai ghet ə **tæksi**
Kunt u een taxi voor mij laten komen?	**Please get me a cab.**	pliez ghet mie ə kæb
Wat kost het naar …?	**What's the fare to …?**	ᵒᵉots ðə feə tōē
Hoe ver is het naar …?	**How far is it to …?**	hau faa iz it tōē
Brengt u mij a.u.b. naar …	**Take me to …, please.**	teek mie tōē… pliez
dit adres	**this address**	ðis **ədres**
het centrum	**the town centre**	ðə taun sentə
het … hotel	**the … Hotel**	ðə … hoo**tel**
het station	**the station**	ðə **steesj**ən
het vliegveld	**the airport**	ði eəp**ôôt**
Bij de volgende hoek …	**Turn … at the next corner.**	teun… æt ðə nekst **kôô**nə
linksaf/rechtsaf	**left/right**	left/rait
Rechtdoor.	**Go straight ahead.**	ghoo street ə**hed**
Wilt u hier stoppen?	**Stop here, please.**	stop hieə pliez
Ik heb haast.	**I'm in a hurry.**	aim in ə **harri**
Wilt u iets langzamer rijden?	**Could you drive more slowly, please?**	koed jōē draiw môô **sloo**li pliez
Kunt u mij met mijn bagage helpen?	**Could you help me to carry my bags?**	koed jōē help mie tōē **kæ**ri mai bæghz
Wilt u a.u.b. op mij wachten?	**Would you please wait for me?**	ᵒᵉoed jōē pliez ᵒᵉeet fôô mie

FOOIEN, zie blz. 1

AANKOMST

Hotel en logies

In het hoogseizoen kunt u het beste van te voren een hotel bespreken en de reservering laten bevestigen. Als u dat niet hebt kunnen doen, dan kunt u zich altijd wenden tot de inlichtingenbureaus van de *British Tourist Authority*, die u in bijna alle steden, op stations en op vliegvelden vindt, en die toeristen bij het zoeken van onderdak graag behulpzaam zijn. U kunt ook gebruik maken van de *Book-a-Bed Ahead* dienst die de meeste verkeersbureaus bieden, waarbij u zeker bent die nacht onderdak te hebben. Voor die garantie moet u het verkeersbureau een klein bedrag betalen, dat later weer van uw rekening wordt afgetrokken.

Hotels/Motels (hoo**telz**/moo**telz**). In Engeland zijn talrijke grote en moderne hotels en motels, die gunstig aan de grote verkeerswegen liggen en waarvan de kamers meestal van alle comfort voorzien zijn.

Bed and Breakfast (bed ænd **brek**fəst). In provinciestadjes, dorpen en langs secundaire wegen staan vaak particuliere huizen, die op uithangborden *Bed and Breakfast* (*B&B* – Logies met ontbijt) aanbieden; u vindt daar eenvoudige, schone kamers zonder eigen bad. Als u hier logeert, leert u meteen eens hoe een Engels huis er van binnen uitziet.

Boarding houses (**bôô**ding **hau**ziz). Dit zijn eenvoudige pensions zonder comfort, die men voornamelijk in badplaatsen vindt. Meestal zijn het kleine eensgezinshuizen, waarvan de eigenaars hun kamers per week aan gezinnen (met reductie voor kinderen) verhuren. Een eigen bad is er zelden, wel heeft gewoonlijk iedere kamer een vaste wastafel. De maaltijden worden in de gemeenschappelijke eetkamer gebruikt.

Youth hostels (jōōθ **host**əlz). Jeugdherbergen liggen vaak in de mooiste streken van het land. Ze staan open voor reizigers van alle leeftijden, hoewel bij grote toeloop jongeren voorrang hebben. Een lidmaatschapskaart moet u voor uw vertrek bij de jeugdherbergcentrale in uw eigen land aan-

KAMPEREN, zie blz. 90.

vragen. De slaapgelegenheden zijn eenvoudig en schoon. U
kunt zelf uw maaltijden klaarmaken.

Op de volgende bladzijden gaan wij na welke uitdrukkingen
u, vanaf uw aankomst tot uw vertrek, eventueel van pas zullen komen.

Receptie

Mijn naam is ...	**My name is ...**	mai neem iz
Ik heb gereserveerd.	**I've a reservation.**	aiw ə rezəweesjən
Ik heb u vorige maand geschreven.	**I wrote to you last month.**	ai root tōē jōē laast manθ
Hier is de bevestiging.	**Here's the confirmation.**	hieəz ðə konfəmeesjən
Ik wil graag een ...	**I'd like a ...**	aid laik ə
eenpersoonskamer	**single room**	singhəl rōēm
tweepersoonskamer	**double room**	dabbəl rōēm
kamer met ...	**room with ...**	rōēm °°ið
twee bedden	**twin beds**	t°°in bedz
tweepersoonsbed	**a double bed**	ə dabbəl bed
bad	**a bath**	ə baaθ
balkon	**a balcony**	ə bælkəni
douche	**a shower**	ə sjauə
uitzicht	**a view**	ə wjōē
Wij willen graag een kamer ...	**We'd like a room ...**	°°ied laik ə rōēm
aan de achterkant	**at the back**	æt ðə bæk
aan de voorkant	**in the front**	in ðə frant
met uitzicht op zee	**facing the sea**	feesing ðə sie
Ik wil liever een kamer ...	**I'd like a room ...**	aid laik ə rōēm
op een hogere etage	**higher up**	haiə ap
op een lagere etage	**lower down**	loo°°ə daun
Het moet er rustig zijn.	**It must be quiet.**	it mast bie k°°aiət
Is er ...?	**Is there ...?**	iz ðeə
airconditioning	**air conditioning**	eə kəndisjəning
centrale verwarming	**central heating**	sentrəl hieting
radio	**a radio**	ə reedijoo

HOTEL

televisie op de kamer	**television in the room**	teliwizjən in ðə rōēm
een eigen toilet	**a private toilet**	ə praiwit toilit
stromend water	**running water**	ranning ᵒᵉôôtə
warm water	**hot water**	hot ᵒᵉôôtə
was-service	**a laundry service**	ə lôôndri seuwis

Hoe lang?

Wij denken ... te blijven.	**We'll be staying ...**	ᵒᵉiel bie steeing
alleen vannacht	**overnight only**	oowənait oonli
een paar dagen	**a few days**	ə fjōē deez
(minstens) een week	**a week (at least)**	ə ᵒᵉiek (æt liest)
Ik weet het nog niet.	**I don't know yet.**	ai doont noo jet

Hoeveel?

Hoeveel kost het ...?	**What's the price ...?**	ᵒᵉots ðə prais
per nacht	**per night**	peu nait
per week	**per week**	peu ᵒᵉiek
voor kamer met ontbijt	**for bed and breakfast**	fôô bed ænd brekfəst
zonder maaltijden	**excluding meals**	eksklōēding mielz
met halfpension	**for half board**	fôô haaf bôôd
met volpension	**for full board**	fôô foel bôôd
Is dat inclusief ...?	**Does this include ...?**	daz ðis inklōēd
bediening	**service**	seuwis
BTW	**VAT (Value Added Tax)**	wie ee tie (wæljōē ædid tæks)
ontbijt	**breakfast**	brekfəst
Is er reductie voor kinderen?	**Is there any reduction for children?**	iz ðəə enni ridaksjən fôô tsjildrən
Kost het iets voor de baby?	**Do you charge for the baby?**	dōē jōē tsjaadzj fôô ðə beebi
Dat is te duur.	**It's too expensive.**	its tōē ekspensiw
Hebt u niet iets goedkopers?	**Haven't you anything cheaper?**	hæwənt jōē enniθing tsjiepə

Beslissing

Mag ik de kamer zien?	**May I see the room?**	mee ai sie ðə rōēm
Nee, deze bevalt me niet.	**No, I don't like it.**	noo ai doont laik it
Het is hier te ...	**It's too ...**	its tōē
donker/koud klein/gehorig	**dark/cold small/noisy**	daak/koold smôôl/**noizi**
Ik heb een kamer met bad besteld.	**I asked for a room with a bath.**	ai aaskt fôô ə rōēm °eið ə baaθ
Hebt u niet iets ...?	**Haven't you anything ...?**	hæwənt jōē enniθing
beters goedkopers	**better cheaper**	**bett**ə **tsjiep**ə
Hebt u een kamer met een mooier uitzicht?	**Do you have a room with a better view?**	dōē jōē hæw ə rōēm °eið ə **bett**ə wjōē
Deze is prima. Die neem ik.	**That's fine. I'll take it.**	ðæts fain. ail teek it

Rekening

De rekening wordt gewoonlijk per week, of indien u minder dan een week blijft, bij het vertrek betaald. De meeste hotels geven reductie voor kinderen. Reischeques worden bijna altijd geaccepteerd.

Fooien

In het algemeen is de rekening inclusief bediening en BTW *(Value Added Tax – VAT);* eventueel kunt u nog vragen:

| Zijn bediening en BTW inbegrepen? | **Are service and VAT included?** | aa **seu**wis ænd wie ee tie
in**klōē**did |

Geef wel een fooitje aan de portier, als hij u koffers naar uw kamer brengt en aan de piccolo, als hij verschillende boodschapjes voor u gedaan heeft.

FOOIEN, zie blz. 1

HOTEL

32

Inschrijven

Bij aankomst in hotel of motel wordt u verzocht een aanmeldingsformulier *(registration form)* in te vullen en u in het hotelregister in te schrijven (meestal alleen naam en adres). Indien iets in de in het Engels gestelde formulieren u niet duidelijk mocht zijn, dan vraagt u gewoon aan de receptionist:

| Wat betekent dat? | **What does this mean?** | ᵒᵉot daz ðis mien |

May I see your passport?	Mag ik uw paspoort zien?
Would you mind filling in this registration form?	Wilt u dit aanmeldingsformulier invullen?
Please sign here.	Wilt u hier tekenen?
How long will you be staying?	Hoe lang denkt u te blijven?

Name/First name	Naam/Voornaam
Full address	Adres
Nationality/Occupation	Nationaliteit/Beroep
Date of birth	Geboortedatum

Wat is mijn kamernummer?	**What's my room number?**	ᵒᵉots mai rōēm nambə
Wilt u onze bagage naar boven laten brengen?	**Will you have our luggage sent up?**	ᵒᵉil jōē hæw auə laghidzj sent ap
Waar kan ik mijn auto parkeren?	**Where can I leave my car?**	ᵒᵉeə kæn ai liew mai kaa
Ik wil dit graag in de hotelkluis in bewaring geven.	**I'd like to leave this in your safe.**	aid laik tōē liew ðis in jôō seef
Ik wil graag om ... uur gewekt worden.	**I'd like to be woken at ..., please.**	aid laik tōē bie ᵒᵉookən æt... pliez

DE TIJD, zie blz. 178

HOTEL

De hotelstaf

directeur	manager	mænidzjə
kamermeisje	maid	meed
kelner	waiter	ᵒᵉeetə
piccolo	page boy	peedzj boi
serveerster	waitress	ᵒᵉeetris
telefonist(e)	switchboard	sᵒᵉitsjbôôd
	operator	oppəreetə

Veel hotelemployees worden met hun beroepsnaam aangesproken, bv. de ober *(waiter* – ᵒᵉeetə), de portier *(porter* – **pôô**tə). U kunt ook volstaan met een simpel ,,*Excuse me*" (ek**skoēz** mie – pardon).

Service

Wilt u het kamermeisje vragen boven te komen?	**Please ask the maid to come up.**	pliez aask ðə meed tōē kam ap
Wie is daar?	**Who is it?**	hōē iz it
Een ogenblik, a.u.b.	**Just a minute.**	dzjast ə minnit
Binnen!	**Come in!**	kam in
Is er een badkamer op deze verdieping?	**Is there a bathroom on this floor?**	iz ðeə ə baaθrōēm on ðis flôô
Wilt u ons ... brengen?	**Please bring us ...**	pliez bring as
2 koffie	**2 cups of coffee**	2 kaps ow koffi
een sandwich	**a sandwich**	ə sændᵒᵉidzj
Kunnen wij het ontbijt op de kamer krijgen?	**Can we have breakfast in our room?**	kæn ᵒᵉie hæw brekfəst in auə rōēm
Kunt u mij aan een babysitter helpen?	**Can you find me a babysitter?**	kæn jōē faind mie ə beebisittə
Kan ik (een/wat) ... krijgen?	**May I have ...?**	mee ai hæw
asbak	**an ashtray**	ən æsjtree
badhanddoek	**a bath towel**	ə baaθ tauəl
bedlampje	**a reading lamp**	ə rieding læmp

(extra) deken	an (extra) blanket	ən (ekstrə) blænkit
enveloppen	some envelopes	sam enwəloops
ijsblokjes	some ice cubes	sam ais kjōēbz
(nog een paar) kleerhangers	(more) hangers	(môô) hængəz
kruik	a hot-water bottle	ə hot°°ôôtə bottəl
naald en draad	a needle and thread	ə niedəl ænd θred
schrijfpapier	some writing paper	sam raiting peepə
zeep	some soap	sam soop
Waar is de/het ...?	Where's the ...?	°°eəz ðə
badkamer	bathroom	baaθrōēm
eetzaal	dining room	daining rōēm
kapper	hairdresser's	heədressəz
lift	elevator	elləweetə
nooduitgang	emergency exit	imeudzjənsi eksit
televisiekamer	television room	teliwizjən rōēm
toilet	toilet	toilit

Ontbijt

Tot de prettigste eetgewoontes van de Engelsman behoort het ontbijt. Een *English breakfast* (**in**ghlisj **brek**fəst) begint met de *early morning tea* (**eul**i **môô**ning tie), een kop sterke thee die meteen bij het opstaan gedronken wordt. Daarna volgt een stevige maaltijd met meerdere gangen: vruchtesap, graanvlokken, eieren (gekookt, gepocheerd of gebakken) met ham of spek, tomaten of worstjes. Als u een sterke maag hebt, kunt u ook eens de beroemde *kippers* (**ki**ppəz – gerookte haringen) proberen. Tenslotte is er dan nog *toast* (toost) met boter en *marmalade* (**maa**məleed) en thee (of koffie).

Sinds enige tijd serveert men in veel hotels ook het ons bekendere *Continental breakfast* (kont**in**entəl **brek**fəst), dat uit thee of koffie, toost, boter en jam bestaat.

Ik wil graag ...	I'll have ...	ail hæw
cacao	cocoa	kookoo
koffie	coffee	koffi
coffeïnevrij	without caffeine	°°iðaut kæfien
zwart	black	blæk

UIT ETEN, zie blz. 38–64

melk	**some milk**	sam milk
warme/koude	**hot/cold**	hot/koold
thee	**some tea**	sam tie
met/zonder melk	**with/without milk**	°eià/°eiàaut milk
vruchtesap	**some fruit juice**	sam frōēt dzjōēs
Mag ik wat ...?	**May I have ...?**	mee ai hæw
boter	**some butter**	sam battə
brood	**some bread**	sam bred
broodjes	**some rolls**	sam roolz
citroen	**some lemon**	sam lemmən
ei (gekookt)	**a boiled egg**	ə boild egh
zacht	**soft**	soft
niet zo zacht	**medium**	miedjəm
hard	**hard-boiled**	haadboild
eieren (gebakken)	**some eggs**	sam eghz
met spek	**and bacon**	ænd beekən
roereieren	**scrambled**	skræmbəld
spiegeleieren	**fried**	fraid
graanvlokken	**some cereals**	sam sieriəlz
honing	**some honey**	sam hanni
joghurt	**some yogurt**	sam joghət
kaas	**some cheese**	sam tsjiez
knakworstjes	**some pork sausages**	sam pôôk sossidzjiz
marmelade	**some marmalade**	sam maaməleed
peper	**some pepper**	sam peppə
room	**some cream**	sam kriem
suiker	**some sugar**	sam sjoeghə
toost	**some toast**	sam toost
glas water	**a glass of water**	ə ghlaas ow °eôôtə
warm water	**some hot water**	sam hot °eôôtə
zoetjes	**some saccharine**	sam sækərin
zout	**some salt**	sam sôôlt

Moeilijkheden

De/Het ... doet het niet.	**The ... doesn't work.**	ðə... dazzənt °eeuk
douche	**shower**	sjauə
kraan	**tap**	tæp
licht	**light**	lait
radio/televisie	**radio/television**	reedijoo/teliwizjən
ventilator	**ventilator**	wentileetə
verwarming	**heating**	hieting

KLACHTEN, zie blz. 44

Mijn kamer is niet gedaan.	**My room hasn't been made up.**	mai rōēm hæzənt bien meed ap
De wastafel is verstopt.	**The washbasin is blocked.**	ðə °°osjbeesin iz blokt
Het raam klemt.	**The window is jammed.**	ðə °°indoo iz dzjæmd
De jaloezie zit vast.	**The blind is stuck.**	ðə blaind iz stak
Deze schoenen zijn niet van mij.	**These aren't my shoes.**	ðiez aant mai sjōēz
Deze was is niet van mij.	**This isn't my laundry.**	ðis izzənt mai lôôndri
Er is geen warm water.	**There's no hot water.**	ðeəz noo hot °°ôôtə
Ik heb mijn sleutel op de kamer gelaten.	**I've left my key in my room.**	aiw left mai kie in mai rōēm
De gloeilamp is kapot.	**The bulb is burnt out.**	ðə balb iz beunt aut
De/Het … is kapot.	**The … is broken.**	ðə… iz brooken
jaloezie	**blind**	blaind
lamp	**lamp**	læmp
luik	**shutter**	sjattə
schakelaar	**switch**	s°°itsj
stekker	**plug**	plagh
stopcontact	**socket**	sokkit
Kunt u het laten repareren?	**Can you get it mended?**	kæn jōē ghet it mendid

Telefoon – Post

Kunt u mij verbinden met 123 4567 in Manchester?	**Can you get me Manchester 123-4567?**	kæn jōē ghet mie mæntsjestə 123-4567
Heeft er iemand voor mij opgebeld?	**Has anyone phoned for me?**	hæz enni°°an foond fôô mie
Is er post voor mij?	**Is there any mail for me?**	iz ðeə enni meel fôô mie
Hebt u postzegels?	**Do you have any stamps?**	dōē jōē hæw enni stæmps

POST EN TELEFOON, zie blz. 137–141

| Wilt u dit a.u.b. voor mij op de post doen? | **Would you please post this for me?** | °°oed jōē pliez poost ðis fôô mie |
| Heeft iemand een boodschap voor mij achtergelaten? | **Are there any messages for me?** | aa ðēē enni messidzjiz fôô mie |

Vertrek

Mag ik de rekening hebben? Kamer 398.	**May I please have my bill? Room 398.**	mee ai pliez hæw mai bil. rōēm 398
Ik vertrek morgen vroeg. Wilt u mijn rekening klaarmaken?	**I'm leaving early tomorrow. Please have my bill ready.**	aim liewing euli təmorroo. pliez hæw mai bil reddi
We vertrekken spoedig/tegen de middag.	**We'll be checking out soon/around noon.**	°°iel bie tsjekking aut sōēn/əraund nōēn
Ik moet onmiddellijk vertrekken.	**I must leave at once.**	ai mast liew æt °°ans
Is alles inbegrepen?	**Is everything included?**	iz ewriθing inklōēdid
Ik geloof dat in deze rekening een vergissing gemaakt is.	**You've made a mistake in this bill, I think.**	jōēw meed ə mistēēk in ðis bil ai θink
Kunt u een taxi voor ons bestellen?	**Can you get us a taxi?**	kæn jōē ghet as ə tæksi
Wanneer gaat de/het volgende ... naar Leeds?	**When's the next ... to Leeds?**	°°enz ðə nekst... tōē liedz
bus/trein/vliegtuig	**bus/train/plane**	bas/treen/pleen
Wilt u onze bagage naar beneden laten brengen?	**Would you please send someone to bring down our luggage?**	°°oed jōē pliez send sam°°an tōē bring daun auə laghidzj
We hebben erge haast.	**We're in a great hurry.**	°°ieə in ə ghreet harri
Naar dit adres kan post nagezonden worden.	**Here's my forwarding address.**	hieəz mai fôô°°əding ədres
Wij hebben het hier erg prettig gevonden.	**It's been a very enjoyable stay.**	its bien ə werri endzjoiəbəl stee

TAXI, zie blz. 27

Uit eten

Restaurants (restərənts). Enkele jaren geleden nog hadden
Engelse restaurants een slechte naam. Tegenwoordig zullen
fijnproevers verheugd kunnen vaststellen, dat de goede Engelse restaurants zich, wat kookkunst betreft, over het algemeen uitstekend met die van het Europese vasteland kunnen meten. Ook typisch Engelse gerechten, zoals *steak and
kidney pie, cottage pie, Irish stew* en *roast beef and Yorkshire
pudding* zijn zeer smakelijk, vooral op het platteland.

Als u van exotische gerechten houdt, kunt u uw hart ophalen in de vele buitenlandse restaurants, die u in Londen en
ook in de andere grote steden van Engeland vindt. Meestal
kunt u er uitstekend eten voor niet teveel geld.

Pubs (*public houses* – **pa**blik **hau**ziz). Zowel in de stad als
buiten vormt de pub het middelpunt van het Engelse gezel-
schapsleven. Meestal is er een *public bar* (**pa**blik baa), waar
de mensen iets komen drinken en zich vermaken met pijltjes
(*darts* – daats) gooien of biljarten, en een wat comfortabeler
saloon (səlōēn) of *lounge* (laundzj), waar voor dat extra
comfort ook iets hogere prijzen berekend worden.

De openingstijden van de pubs kunnen van plaats tot plaats
verschillen, maar in het algemeen zijn deze van maandag
t.e.m. zaterdag van 11 tot 15 en van 17.30 tot 23 uur. Op
zondag van 12 tot 14 en van 19 tot 22.30 uur.

Jongeren worden slechts toegelaten als ze ouder dan 14 jaar
zijn (in Noord-Ierland 18 jaar) en samen met een volwasse-
ne. Alcohol wordt alleen aan personen boven de 18 jaar ver-
strekt. Kinderen onder de 14 mogen wel in een pub eten als
er een eetzaal of een terras is.

Tegen sluitingstijd zal de *landlord* (waard) zijn gasten tot spoed aanmanen door ,,*Time, gentlemen, please!*" (Het is tijd, heren!) of ,,*Last orders, please!*" (Laatste bestelling, a.u.b.!) te roepen, waarbij hij meestal een handdoek over de biertapkast zal leggen en verscheidene malen het licht aan en uit zal doen.

Buffets (ba**ffeez**). Voornamelijk op stations, waar limonades, snacks e.d. verkocht worden.

Coffee houses (ko**ffi hau**ziz). In Engelse cafés zijn niet alleen koffie, thee en cake verkrijgbaar, maar ook sandwiches en eenvoudige gerechten.

Fish and chips shops (fisj ænd tsjips sjops). Een uitstekende gelegenheid om de beroemde *fish and chips* (vis met patates, met zout en azijn erover) te proberen. U kunt het ter plaatse opeten of meenemen. Deze Engelse specialiteit maakt geen aanspraak op kwaliteit, maar is wel uniek, vooral wanneer het traditiegetrouw in een zak van krantenpapier verpakt wordt.

Grills (ghrilz). Restaurants met uitsluitend grillgerechten.

Inns (inz). Pubs, die ook logies bieden.

Milk bars (milk baaz). Hier zijn thee, koffie, frisdranken, belegde broodjes en eenvoudige gerechten verkrijgbaar.

Snack bars (snæk baaz). Snacks en frisdranken.

Steak houses (steek **hau**ziz) verkopen – de naam zegt het al – alle mogelijke steak variaties.

Tea shops (tie sjops) verkopen geen alcohol, maar thee, koffie en kleine gerechten.

Wine lodges (ᵒᵉain **lo**dzjiz). Naast wijn en andere alcoholische dranken (soms ook bier) kunt u hier ook belegde broodjes krijgen.

Alcoholische dranken zijn 's avonds laat nog verkrijgbaar in die clubs, restaurants en hotels die daarvoor een speciale vergunning hebben.

UIT ETEN

Etenstijden

De middagmaaltijd (*lunch* of *luncheon* – lantsj/**lan**tsjən) wordt gewoonlijk tussen 12 en 14 uur geserveerd, de avond-maaltijd (*dinner* – **din**nə) tussen 19 en 21.30 uur. Zondags zijn de meeste restaurants gesloten. In gerenommeerde restaurants kunt u het beste telefonisch een tafel laten reserveren.

Hebt u honger?

Ik heb honger/dorst.	**I'm hungry/thirsty.**	aim **hang**hri/**θeu**sti
Kunt u een goed restaurant aanbevelen?	**Can you recommend a good restaurant?**	kæn jōē re**kə**mend ə ghoed **res**tərənt
Zijn er goede (en niet te dure) restaurants in de buurt?	**Are there any good (and cheap) restaurants around here?**	aa ðeə **en**ni ghoed (ænd tsjiep) **res**tərənts ə**raund hi**eə
Ik wil graag een tafel voor 4 personen reserveren.	**I'd like to book a table for 4, please.**	aid laik tōē boek ə **tee**bəl fôô 4 pliez
Wij komen om 8 uur.	**We'll come at 8.**	ᵒᵉiel kam æt 8

What would you like?	Wat neemt u?
I can recommend this.	Ik kan u dit aanbevelen.
What would you like to drink?	Wat wilt u drinken?
We don't have any ...	Wij hebben geen ...
Do you want ...?	Wilt u ...?

Vragen en bestellen

Ik heb een tafel voor 4 personen gereserveerd.	**I've reserved a table for 4.**	aiw ri**zeuwd** ə **tee**bəl fôô 4

ONTBIJT, zie blz. 34

UIT ETEN

Kunnen we een tafel ... krijgen?	**Could we have a table ...?**	koed °ᵉie hæw ə **teebəl**
buiten	**outside**	autsaid
in de hoek	**in the corner**	in ðə **kôônə**
bij het raam	**by the window**	bai ðə °ᵉindoo
Zijn deze plaatsen bezet?	**Are these seats taken?**	aa ðiez siets teekən
Ober!/Juffrouw!	**Waiter!/Waitress!**	°ᵉeetə/°ᵉeetris
Wij willen graag wat eten.	**We'd like to eat.**	°ᵉied laik tōē iet
Wij willen graag wat drinken.	**We'd like something to drink.**	°ᵉied laik **sam**θing tōē drink
Hebt u een menu van de dag?	**Do you have a set menu?**	dōē jōē hæw ə set menjōē
Mag ik de kaart/wijnkaart hebben, a.u.b.?	**May I please have the menu/wine list?**	mee ai pliez hæw ðə menjōē/°ᵉain list
Kunt u mij meteen bedienen?	**Can you serve me straight away?**	kæn jōē seuw mie street ə°ᵉee
Ik heb haast.	**I'm in a hurry.**	aim in ə harri
Is bediening inbegrepen?	**Is service included?**	iz seuwis inklōēdid
Kunnen we een bord voor het kind krijgen?	**Could we have a plate for the child, please?**	koed °ᵉie hæw ə pleet fôô ðə tsjaild pliez
Hebt u plaatselijke specialiteiten?	**Do you have any local dishes?**	dōē jōē hæw enni lookəl disjiz
Wat is dit?	**What's this?**	°ᵉots ðis
Kunnen wij (een) ... krijgen, a.u.b.?	**Could we have ..., please?**	koed °ᵉie hæw... pliez
asbak	**an ashtray**	ən æsjtree
bord	**a plate**	ə pleet
eetstokjes	**chopsticks**	tsjopstiks
fles ...	**a bottle of ...**	ə bottəl ow
glas water	**a glass of water**	ə ghlaas ow °ᵉôôtə
lepel	**a spoon**	ə spōēn
lucifers	**some matches**	sam mætsjiz
mes	**a knife**	ə naif
servet	**a serviette**	ə seuwiet
tandenstokers	**some toothpicks**	sam tōēθpiks

KLACHTEN, zie blz. 44

UIT ETEN

UIT ETEN

Ik wil graag (een/wat) ...	I'd like ...	aid laik
aardappelen	some potatoes	sam pəteetooz
azijn	some vinegar	sam winnighə
belegd broodje	a sandwich	ə sænd°eidzj
bier	some beer	sam bieə
boter	some butter	sam battə
brood	some bread	sam bred
broodjes	some rolls	sam roolz
citroen	some lemon	sam lemmən
dessert	a dessert	ə dizeut
fruit	some fruit	sam froēt
gevogelte	some poultry	sam pooltri
groenten	some vegetables	sam wedzjitəbəlz
ijs (consumptie-ijs)	an ice cream	ən ais kriem
kaas	some cheese	sam tsjiez
ketchup	some ketchup	sam ketsjəp
kip	some chicken	sam tsjikkin
koffie	some coffee	sam koffi
kruiden	some seasoning	sam siezəning
limonade	some lemonade	sam leməneed
melk	some milk	sam milk
mineraalwater	some mineral water	sam minnərəl °ôôtə
mosterd	some mustard	sam mastəd
noedels	some noodles	sam nōōdəlz
olie	some oil	sam oil
olijfolie	some olive oil	sam olliw oil
patates frites	some chips	sam tsjips
peper	some pepper	sam peppə
rijst	some rice	sam rais
salade	some salad	sam sæləd
schaal- en schelpdieren	some seafood	sam siefōēd
soep	some soup	sam sōēp
suiker	some sugar	sam sjoeghə
thee	some tea	sam tie
vis	some fish	sam fisj
vlees	some meat	sam miet
voorgerecht	an entrée	ən ontree
vruchtesap	some fruit juice	sam froēt dzjōēs
water	some water	sam °ôôtə
wijn	some wine	sam °eain
wild	some game	sam gheem
worcestersauce	some Worcester sauce	sam °eoestə sôôs
zout	some salt	sam sôôlt

Rekening

De bediening en BTW *(VAT)* zijn in de rekening inbegrepen. Een extra afronding naar boven als uiting van tevredenheid laat u meestal naast uw bord op het tafeltje achter.

Mag ik de rekening?	**I'd like the bill, please.**	aid laik ðə bil pliez
Wij willen graag ieder apart betalen.	**We'd like to pay separately.**	ᵒᵉied laik tōē pee seppərətli
Wat houdt dit bedrag in?	**What is this amount for?**	ᵒᵉot iz ðis əmaunt fôô
Is bediening inbegrepen?	**Is service included?**	iz seuwis inklōēdid
Is alles inbegrepen?	**Is everything included?**	iz ewriθing inklōēdid
Ik geloof dat u zich vergist hebt in de rekening.	**You made a mistake in the bill, I think.**	jōē meed ə misteek in ðə bil ai θink
Hoeveel is het?	**How much is it?**	hau matsj iz it
Kan ik met deze credit card betalen?	**Can I pay with this credit card?**	kæn ai pee ᵒᵉið ðis kreddit kaad
Neemt u reischeques aan?	**Do you accept traveller's cheques?**	dōē jōē əksept træwələz tsjeks
Dank u wel, dit is voor u.	**Thank you, this is for you.**	θænk jōē ðis iz fôô jōē
Houdt u het wisselgeld maar.	**Keep the change.**	kiep ðə tsjeendzj
Het was erg lekker.	**That was a very good meal.**	ðæt ᵒᵉoz ə werri ghoed miel
Het heeft ons goed gesmaakt, dank u.	**We enjoyed it, thank you.**	ᵒᵉie endzjoid it θænk jōē

UIT ETEN

SERVICE INCLUDED
BEDIENING INBEGREPEN

FOOIEN, zie blz. 1

Klachten

Mogen wij een andere tafel? Het tocht hier.	Can we have a different table? There's a draught here.	kæn °ᵉie hæw ə different teebəl. ðeəz ə draaft hieə
Er ontbreekt een bord/glas.	There is a plate/ glass missing.	ðeeriz ə pleet/ ghlaas missing
Ik heb geen lepel/ mes/vork.	I have no spoon/ knife/fork.	ai hæw noo spōēn/ naif/fôôk
Dit heb ik niet besteld.	That's not what I ordered.	ðæts not °ᵉot ai ôôdəd
Ik heb om ... gevraagd.	I asked for ...	ai aaskt fôô
Er moet een vergissing gemaakt zijn.	There must be some mistake.	ðeə mast bie sam misteek
Kunt u mij hiervoor iets anders brengen?	May I change this?	mee ai tsjeendzj ðis
Het vlees is ...	The meat is ...	ðə miet iz
te gaar niet gaar genoeg te taai	overdone underdone too tough	oowədan andədan tōē taf
Dit is te ...	This is too ...	ðis iz tōē
bitter/zuur zoet/zout	bitter/sour sweet/salty	bittə/sauə s°ᵉiet/sôôlti
Het eten is koud.	The food is cold.	ðə fōēd iz koold
Het is niet vers.	It's not fresh.	its not fresj
Waarom duurt het zo lang?	What's taking you so long?	°ᵉots teeking jōē soo long
Hebt u onze drankjes vergeten?	Have you forgotten our drinks?	hæw jōē fəghottən auə drinks
De wijn is te koud.	The wine is too cold.	ðə °ᵉain iz tōē koold
Het bier is niet koel.	The beer isn't chilled.	ðə bieə izzənt tsjild
Dit is niet schoon.	This isn't clean.	ðis izzənt klien
Wilt u de gerant roepen?	Would you ask the head waiter to come over?	°ᵉoed jōē aask ðə hed °ᵉeetə tōē kam oowə

UIT ETEN

Wat staat er op het menu?

Onze spijskaart is ingedeeld naar de verschillende gangen. Onder ieder hoofd vindt u een alfabetische lijst van gerechten in het Engels met daarachter de Nederlandse vertaling. U kunt echter ook, b.v. als u groente bestellen wilt, de kelner de betreffende lijst voorleggen en hem daarop laten aanwijzen wat er niet te krijgen is.

Zie bladzijden 41 en 42 voor bestellen in het algemeen.

Engelse gerechten zijn nogal voedzaam. Als u genoeg gegeten hebt, kunt u zeggen:

Nee dank u, niets meer.	**Nothing more, thanks.**	naθing môô θænks

UIT ETEN

Voorgerechten

Op de spijskaart staan voorgerechten aangegeven als *hors-d'œuvre* (ôô**deu**wr), *appetizers* (æpitaizəz) of *starters* (**staa**-təz). Maak u geen zorgen over de kleine porties, de hoofd-gang volgt immers nog.

Ik wil graag een voorgerecht.	**I'd like some hors-d'œuvre.**	aid laik sam ôô**deu**wr
Wat raadt u mij aan?	**What do you recommend?**	°°ot dōē jōē rekəmend
anchovies	æntsjəwiz	ansjovis
artichoke	aatitsjook	artisjok
asparagus tips	əspærəghəs tips	aspergepunten
assorted appetizers	əsôôtid æpitaizəz	borrelhapjes
avocado	æwəkaadoo	avocado
canapés	kænəpeez	open sandwich
caviar	kæwiaa	kaviaar
cold cuts	koold kats	gemengde vleeswaren
crab cocktail	kræb **kok**teel	krabcocktail
devilled eggs	dewwild eghz	gevulde eieren
eggs	eghz	eieren
hard-boiled	haadboild	hardgekookt
frogs' legs	froghz leghz	kikkerbilletjes
fruit juice	frōēt dzjōēs	vruchtesap
grapefruit	**ghreep**frōēt	grapefruit
orange	orrindzj	sinaasappel
(half a) grapefruit	(haaf ə) **ghreep**frōēt	(een halve) grapefruit
ham	hæm	ham
herring	herring	haring
marinated herring	mærineetid herring	gemarineerde haring
smoked herring	smookt herring	gerookte haring
kipper	kippə	bokking
liver sausage	liwwə sossidzj	leverworst
lobster	lobstə	kreeft
mackerel	mækrəl	makreel
soused mackerel	saust mækrəl	gemarineerde makreel
melon	mellən	meloen
mushrooms	masjrōēmz	champignons
mussels	massəlz	mosselen
olives	olliwz	olijven
stuffed	staft	gevulde
omelette	omlit	omelet

oysters	oistəz	oesters
pâté	pætee	pâté
pickled tongue	pikkəld tang	gemarineerde tong
potato salad	pəteetoo sæləd	aardappelsalade
prawns	prôônz	steurgarnalen
radishes	rædisjiz	radijsjes
rollmops herrings	roolmops herringz	rolmops
salad	sæləd	salade
salmon	sæmən	zalm
smoked salmon	smookt sæmən	gerookte zalm
sardines	saadienz	sardientjes
shrimps	sjrimps	garnalen
snails	sneelz	slakken
tomato juice	təmaatoo dzjōēs	tomatesap
tuna	tjōēnə	tonijn

Specialiteiten

angels on horseback (eendzjəlz on hôôsbæk)	geroosterde, met spek omwikkelde oesters
devils on horseback (dewwəlz on hôôsbæk)	gekookte pruimen, gevuld met amandelen en ansjovis, omwikkeld met spek, geroosterd en geserveerd op toost
fish pie (fisj pai)	vispastei
jellied eel (dzjellid iel)	paling in gelei
potted shrimps (pottid sjrimps)	ingemaakte garnalen

Salade

De bij het hoofdgerecht opgediende salade bestaat meestal uit met olie en azijn (*French dressing* – frentsj **dre**ssing) aangemaakte kropsla, tomaten en komkommer.

Ik wil graag een salade.	**I'd like some salad.**	aid laik sam sæləd
Hebt u (nog) wat slasaus voor mij?	**Could I have some (more) salad dressing?**	koed ai hæw sam (môô) sæləd dressing

Soepen

De Engelsen eten graag soep. Daarom bieden de meeste eetgelegenheden een min of meer ruime keuze uit diverse soorten soep. Alleen in pubs en cafés staat er zelden soep op het menu.

Ik wil graag soep.	**I'd like some soup.**	aid laik sam sōēp
Wat raadt u mij aan?	**What do you recommend?**	°°ot dōē jōē rekəmend
beef consommé	bief konsomee	runderbouillon
chicken consommé	tsjikkin konsomee	kippebouillon
chicken noodle soup	tsjikkin nōēdəl sōēp	kippesoep met vermicelli
clam chowder	klæm **tsjaudə**	mosselsoep
cock-a-leekie	kokəlieki	kippesoep met spek en prei
crab soup	kræb sōēp	krabsoep
crayfish bisque	**kreefisj** bisk	gebonden kreeftesoep
cream of asparagus soup	kriem ow əspæærəghəs sōēp	gebonden aspergesoep
cream of celery soup	kriem ow **selləri** sōēp	gebonden selderiesoep
cream of mushroom soup	kriem ow **masjrōēm** sōēp	gebonden champignonsoep
cream of potato soup	kriem ow pəteetoo sōēp	gebonden aardappel-soep
French onion soup	frentsj anjən sōēp	Franse uiensoep
lentil soup	lentil sōēp	linzensoep
lobster soup	lobstə sōēp	kreeftesoep
mockturtle soup	mokteutəl sōēp	schildpadsoep
mulligatawny soup	malighətooni sōēp	kippesoep met kerrie
mussel soup	massəl sōēp	mosselsoep
oxtail soup	oksteel sōēp	ossestaartsoep
pea soup	pie sōēp	erwtensoep
Scotch broth	skotsj broθ	lamsvleesbouillon met groenten
soup of the day	sōēp ow ðə dee	soep van de dag
spinach soup	spinnitsj sōēp	spinaziesoep
tomato soup	təmaatoo sōēp	tomatensoep
vegetable soup	**wedz**jitəbəl sōēp	groentesoep
vegetable beef soup	**wedz**jitəbəl bief sōēp	runderbouillon met groenten

UIT ETEN

Vis, schaal- en schelpdieren

Ik wil graag vis.	**I'd like some fish.**	aid laik sam fisj
Wat voor schaal- en schelpdieren hebt u?	**What kind of sea-food do you have?**	°°ot kaind ow sief$\overline{oe}$d d$\overline{oe}$ j$\overline{oe}$ hæw

carp	kaap	karper
clams	klæmz	mosselen
cod	kod	kabeljauw
crab	kræb	krab
crayfish	**kree**fisj	rivierkreeft
eel	iel	paling
flounder	**flaun**də	bot
haddock	**hæd**ək	schelvis
halibut	**hæl**ibət	heilbot
herring	**herr**ing	haring
kipper	**kipp**ə	bokking
lobster	**lobst**ə	zeekreeft
mackerel	**mækr**əl	makreel
(red) mullet	(red) **mall**it	(rode) poon
mussels	**mass**əlz	mosselen
oysters	**oist**əz	oesters
perch	peutsj	baars
pike	paik	snoek
prawns	prôônz	steurgarnalen
river trout	**riw**wə traut	rivierforel
roe	roo	viskuit
salmon (smoked)	**sæm**ən (smookt)	zalm (gerookte)
scallops	**skoll**əps	Jakobsschelpen
scampi	**skæm**pi	scampi's (grote garnalen)
shrimps	sjrimps	garnalen
sole	sool	tong
squid	sk°ᵉid	inktvis
trout	traut	forel
tuna	tj$\overline{oe}$nə	tonijn
turbot	**teub**ət	tarbot
whiting	°ᵉaiting	wijting

gebraden	**fried**	fraid
gefrituurd	**deep-fried**	**diep**fraid
gegrilleerd	**grilled**	ghrild
gemarineerd	**marinated**	**mæ**rineetid
gepocheerd	**poached**	pootsjt
gerookt	**smoked**	smookt
gestoofd	**stewed**	stj$\overline{oe}$d

Vlees

Nederlands	Engels	Uitspraak
Wat voor vlees hebt u?	**What kind of meat do you have?**	ᵒᵉot kaind ow miet dōē jōē hæw
Ik wil graag ...	**I'd like some ...**	aid laik sam
kalfsvlees	**veal**	wiel
lamsvlees	**lamb**	læm
rundvlees	**beef**	bief
schapevlees	**mutton**	mattən
varkensvlees	**pork**	pôôk
chitterlings	**tsjitttəlingz**	varkenspens
chop	**tsjop**	kotelet
cutlet	**katlit**	vleeslapje, kotelet
fillet	**fillit**	vleesfilet
ham	hæm	ham
smoked ham	smookt hæm	gerookte ham
kidneys	**kidniz**	nieren
larded roast	**laadid roost**	gelardeerd braadstuk
leg	**legh**	bout
liver	**liwwə**	lever
loin	**loin**	lendestuk
marrowbone	**mærooboon**	mergpijp
meat loaf	**miet loof**	gehaktbrood
meat pie	**miet pai**	vleespastei
minced meat	**minst miet**	fijngehakt vlees
minute steak	**minnit steek**	kort gebakken biefstuk
mixed grill	**mikst ghril**	aan een stokje geregen, geroosterde stukjes vlees
oxtail	**oksteel**	ossestaart
pig's trotters	**pighz trottəz**	varkenspootjes
porterhouse steak	**pôôtəhaus steek**	biefstuk van de haas
roastbeef	**roostbief**	rosbief
roast beal	**roost wiel**	kalfsbraadstuk
saddle	**sædəl**	lendestuk
sausage	**sossidzj**	worst
shoulder	**sjooldə**	schouderstuk
sirloin steak	**seuloin steek**	lendestuk (rundvlees)
spare rib	**speə rib**	krabbetje
stew	**stjōē**	stoofschotel
sucking-pig	**sakking pigh**	speenvarken
sweetbread	**sᵒᵉietbred**	zwezerik
tongue	**tang**	tong

Hoe wenst u het vlees?

als braadstuk	**roast**	roost
boven houtvuur	**barbecued**	baabəkjōēd
gebraden	**fried**	fraid
gegrilleerd		
gekookt	**boiled**	boild
gesmoord	**braised**	breezd
koud	**cold**	koold
als ragout	**stewed**	stjōēd
gehakt	**minced**	minst
gelardeerd	**larded**	laadid
gevuld	**stuffed**	staft
rood	**underdone**	andədan
lichtgebakken	**medium**	miedjəm
doorgebakken	**well-done**	∞eldan

Typisch Engelse vleesgerechten

De Engelsen stellen het Schotse rundvlees bijzonder op prijs (vandaar de beroemde *roastbeef*) evenals het uitstekende lamsvlees, dat bij voorkeur met muntsaus (*mint sauce* – mint sôôs) opgediend wordt.

Cornish pasty
(kôônisj pæsti)
pastei van aardappelen, uien, rundvlees en niertjes

Irish stew
(airisj stjōē)
stoofpot van schapevlees, aardappelen en uien

Lancashire hotpot
(lænkəsjə hotpot)
stoofpot van lamskoteletten, niertjes, aardappelen en uien

Shepherd's pie
(sjeppədz pai)
ragout van rund- of lamsvlees met uien en een laag aardappelpuree, in de oven gebakken

Steak and kidney pie
(steek ænd kidni pai)
pastei van rundsvlees en niertjes

En *last but not least* de klassieke combinatie met *roastbeef*:

Yorkshire pudding
(jôôksjə poedding)
golfvormig gebakken eierdeeg, in vierkante stukken gesneden en warm opgediend

Wild en gevogelte

Twaalf augustus is voor de Britse jager een belangrijke datum, want dan gaat de jacht op korhoenders open. Het vlees van deze vogels heeft een wat meer uitgesproken smaak dan dat van de fazant.

Wat voor gevogelte hebt u op het menu?	**What poultry dishes do you serve?**	°°ot pooltri disjiz dōē jōē seuw
Ik wil graag wild.	**I'd like some game.**	aid laik sam gheem
capon	keepən	kapoen
chicken	tsjikkin	kip
barbecued chicken	baabəkjōēd tsjikkin	gegrilleerd haantje
roast chicken	roost tsjikkin	braadhaantje
breast/leg/wing	brest/legh/°°ing	borst/poot/vleugel
duckling	dakling	jonge eend
goose	ghōēs	gans
grouse	ghraus	korhoen
guinea-hen	ghinnihen	parelhoen
hare	heə	haas
jugged hare	dzjaghd heə	hazepeper
partridge	paatridzj	patrijs
pheasant	fezzənt	fazant
pigeon	pidzjin	duif
quail	k°°eel	kwartel
teal	tiel	taling
turkey	teuki	kalkoen
venison	wennisən	ree

Specialiteiten

Grouse and chicken pie
(ghraus ænd tsjikkin pai)

gevogeltepastei van kip, korhoen, ui, rode wijn en kruiden

Partridge pie
(paatridzj pai)

patrijs met kalfs- en varkensgehakt en kruiden in pasteideeg gebakken

Pheasant roast
(fezzənt roost)

fazant gevuld met een mengsel van appels, boter, citroensap, uien, olijfolie en kruiden en tijdens het braden met plakjes spek belegd

Groenten en kruiden

Wat voor groente kunt u aanbevelen?	What vegetables do you recommend?	°eot wedzjitəbəlz dōē jōē rekəmend
Ik ben vegetariër.	I'm a vegetarian.	aim ə wedzjiteəriən

artichoke	aatitsjook	artisjok
asparagus (tips)	əspærəghəs (tips)	asperge(punten)
aubergine	oobeudzjien	aubergine
basil	bæzil	basilicum
beans	bienz	boontjes
Brussels sprouts	brassəl sprauts	spruitjes
cabbage	kæbidzj	kool
carrots	kærəts	worteltjes
cauliflower	kolliflauə	bloemkool
celery	selləri	selderie
chicory	tsjikkəri	witlof
chives	tsjaiwz	bieslook
cinnamon	sinnəmən	kaneel
cucumber	kjōēkambə	komkommer
cress	kres	waterkers
endive	endiw	andijvie
fennel	fennəl	venkel
French beans	frentsj bienz	prinsessenboontjes
garlic	ghaalik	knoflook
green peppers	grien peppəz	groene paprika
(mixed) herbs	(mikst) heubz	(gemengde) kruiden
horseradish	hôôsrædisj	mierikswortel
leeks	lieks	prei
lettuce	lettis	kropsla
mixed vegetables	mikst wedzjitəbəlz	gemengde groenten
mushrooms	masjrōēmz	paddestoelen
onions	anjənz	uien
paprika	pæprikə	paprikapoeder
parsley	paasli	peterselie
peas	piez	erwten
peppers	peppəz	Spanse pepers
potatoes	pəteetooz	aardappelen
radishes	rædisjiz	radijsjes
rosemary	roozməri	rozemarijn
spinach	spinnidzj	spinazie
sweetcorn	s°eietkôôn	mais
thyme	taim	tijm
tomatoes	təmaatooz	tomaten
turnips	teunips	koolraap
watercress	°eôôtəkres	waterkers

UIT ETEN

Bij het hoofdgerecht worden ook vaak aardappels geserveerd...

baked potatoes	beekt pəteetooz	gebakken aardappelen
boiled potatoes	boild pəteetooz	gekookte aardappelen
chips	tsjips	patates frites
creamed potatoes	kriemd pəteetooz	aardappelen in witte roomsaus
fried potatoes	fraid pəteetooz	gefrituurde aardappelen
mashed potatoes	mæsjt pəteetooz	aardappelpuree
new potatoes	njōē pəteetooz	nieuwe aardappeltjes
potatoes in their jackets	pəteetooz in ðeə dzjækits	in de schil gekookte aardappelen

U ziet soms ook de uitdrukking *french fries* (frentsj fraiz) op de spijskaart vermeld: dit is het Amerikaanse woord voor patates frites.

Nagerechten

De Engelsen zijn dol op allerlei koude of warme nagerechten (deze worden vaak *sweet course* – sᵒᵉiet kôôs – genoemd), of dat nu pudding, cake of vruchtentaart is, met verse room en suiker. Vaak krijgt u er *custard* (**ka**stəd) bij, een gekookte of in de oven gebakken pudding van room, eieren, suiker en vanille.

Ik wil graag een dessert.	**I'd like a dessert, please.**	aid laik ə di**zeut** pliez
Graag iets lichts.	**Something light, please.**	**sam**θing lait pliez
Nee dank u, niets meer.	**Nothing more, thanks.**	**na**θing môô θænks

Als u niet weet wat u bestellen moet, vraagt u aan de kellner:

Wat hebt u als dessert?	**What do you have for dessert?**	ᵒᵉot dōē jōē hæw fôô di**zeut**
Wat kunt u mij aanbevelen?	**What do you recommend?**	ᵒᵉot dōē jōē rekə**mend**

Aan te bevelen zijn de volgende desserts:

Blackberry and apple pie
(**blækbəri ænd æpəl pai**)
bramen- en appelvlaai

Christmas pudding
(**krisməs poedding**)
kerstpudding van gedroogde vruchten, brood-kruim en specerijen, soms geflambeerd.

Dutch apple pie
(**datsj æpəl pai**)
appeltaart met suiker, kaneel en boter

Fools
(**foēlz**)
luchtig, fris dessert van slagroom en vers fruit. Vooral de *gooseberry* (kruisbessen) *fool* is bijzonder lekker.

Fruit sundae
(**froēt sandee**)
ijs met vruchten en slagroom

Treacle tart
(**triekəl taat**)
melassetaart

Trifle
(**traifəl**)
in sherry of brandewijn gedoopte stukken cake met amandelen, jam, custard of room.

Ook niet te versmaden zijn:

apple pie	æpəl pai	appelvlaai
blancmange	bləmondzj	roompudding met amandelen en suiker
caramel pudding	kærəməl poedding	karamelpudding
cheesecake	tsjiezkeek	kaaskoek
cherry pie	tsjerri pai	kersenvlaai
chocolate pudding	tsjoklit poedding	chocoladepudding
doughnut	doonat	Berliner bol
flan	flæn	jam-/kaasgebakje
fritters	frittəz	beignets
fruit	froēt	fruit
fresh fruit	fresj froēt	vers fruit
fruit salad	froēt sæled	fruitsalade
ginger pudding	dzjindzjə poedding	gemberpudding
ice cream	ais kriem	consumptie-ijs
jelly	dzjelli	gelatinepudding
lemon meringue pie	lemmən məræng pai	citroen-schuimtaart
meringue	məræng	schuimgebak
pancake	pænkeek	pannekoeken
peaches (and cream)	pietsjiz (ænd kriem)	perziken (met room)

ricepudding	rais poedding	rijstpudding
tapioca pudding	tæpiooke poedding	tapiocapudding
tart	taat	vruchtenvlaai
waffles	°°offelz	wafels

En niet te vergeten de uitstekende ijsnagerechten (*ice cream* – ais kriem) met als smaken:

chocolate	tsjoklit	chocolade
coffee	koffi	koffie
lemon	lemmen	citroen
orange	orrindzj	sinaasappel
pistachio	pistaasjijoo	pistache
raspberry	raazberi	framboos
strawberry	strôôberi	aardbei
vanilla	wenille	vanille

Kaas

Kaas krijgt u na het dessert met wat *crackers* (**krækez**) erbij. In eersteklas restaurants beschikt men over bijna alle soorten Franse kazen evenals kazen uit Zwitserland, Nederland en Denemarken. Maar ook de Engelse kaas smaakt voortreffelijk en is beslist het proberen waard.

Ik wil graag wat kaas.	**I'd like some cheese.**	aid laik sam tsjiez
Hebt u een kaas- plateau?	**Do you have a cheese board?**	dōē jōē hæw e tsjiez bôôd

Caerphilly (keufilli)	witte, romige kaas uit Wales, is vers het lekkerst.
Cheddar (tsjedde)	vette, oranjegele, harde kaas met nootachtige smaak, moet belegen zijn.
Cheshire (tsjesje)	een van de bekendste Engelse kaassoorten, roodgoud van kleur, kruimelig en zacht-zilt van smaak.
Stilton (stilten)	Engelse schimmelkaas; *blue Stilton* is blauwgeaderd en scherp van smaak, *white Stilton* wit en zacht. Is het lekkerst tussen november en april.

Fruit

Hebt u vers fruit?	**Do you have any fresh fruit?**	dōē jōē hæw enni fresj frōēt
Ik wil graag een vruchtensalade.	**I'd like a fresh fruit cocktail.**	aid laik ə fresj frōēt **kokteel**

almonds	aaməndz	amandelen
apple	æpəl	appel
apricots	eeprikots	abrikozen
banana	bənaanə	banaan
bilberries	bilbəriz	bosbessen
blackberries	blækbəriz	bramen
black currants	blæk karrənts	zwarte bessen
blueberries	blōēbəriz	blauwe bosbessen
cherries	tsjerriz	kersen
chestnuts	tsjesnats	kastanjes
coconut	kookənat	kokosnoot
currants	karrənts	krenten
dates	deets	dadels
dried fruit	draid frōēt	gedroogd fruit
figs	fighz	vijgen
gooseberries	ghōēzbəriz	kruisbessen
grapefruit	ghreepfrōēt	grapefruit
grapes	ghreeps	druiven
hazelnuts	heezəlnats	hazelnoten
lemon	lemmən	citroen
lime	laim	limoen
melon	mellən	meloen
mulberries	malbəriz	moerbessen
nectarine	nektərien	nectarine
orange	orrindzj	sinaasappel
peach	pietsj	perzik
pear	peə	peer
pineapple	painæpəl	ananas
plum	plam	pruim
prunes	prōēnz	gedroogde pruimen
quince	kᵒᵉins	kweepeer
raisins	reezənz	rozijnen
raspberries	raazbəriz	frambozen
redcurrants	red karrənts	aalbessen
rhubarb	rōēbaab	rabarber
strawberries	strôôbəriz	aardbeien
sultanas	saltaanəz	sultanarozijnen
tangerine	tændzjərien	mandarijn
watermelon	ᵒᵒôôtəmellən	watermeloen

Dranken

Bier

Na thee is bier wel de meest geliefde drank in Engeland.
Het is niets bijzonders als u in een pub uit minstens 20 verschillende soorten kunt kiezen.

Stout (staut) is een donker, voedzaam bier (bekendste merk:
Guinness); *bitter* (**bi**ttə) is zeer geliefd en heeft een karakte-
ristieke hopsmaak; *mild* (maild) is roodbruin van kleur en
zoetig; *lager* (**laa**ghə) is een licht exportbier. Of het nu bitter
of mild is, het bier wordt zonder schuimkraag ingeschonken
en het is slechts zelden ijsgekoeld.

Ale (eel) is een oude Engelse benaming voor alle soorten
alcohol waaraan mout toegevoegd is; later, toen er hop bij
kwam en de smaak kruidiger werd, sprak men van *beer*.

U kunt kiezen tussen bier in flesjes (*bottled beer* – **bo**ttəld
bieə) en tapbier (*draught beer* – draaft bieə). Het laatste
kunt u per *pint* (paint); 1 pint = ca. 0,6 l of per *half-pint*
(**haaf**paint); ½ pint = ca. 0,3 l bestellen.

Ik wil graag een biertje.	**I'd like a beer, please.**	aid laik ə bieə pliez
Wat wilt u drinken?	**What are you drinking?**	ᵒᵉot aa jōē drinking
Neem een biertje!	**Have a beer!**	hæw ə bieə
2 lager, a.u.b.	**2 lagers, please.**	2 laaghəz pliez
Een flesje pils, a.u.b.	**A bottle of light ale, please.**	ə bottəl ow lait eel pliez
Mag ik een pint bitter?	**A pint of bitter, please.**	ə paint ow bittə pliez

Denkt u er wel om dat *ginger ale* (**dzjin**dzjə eel) of *ginger
beer* (**dzjin**dzjə bieə) niets met bier te maken heeft, maar een
alcoholvrije of licht alcoholische drank met gembersmaak
is.

Wijn

De Engelsen hadden altijd al een zwak voor Bordeaux wijnen, die ze *claret* (**klærət**) noemen. Het zal u geen enkele moeite kosten goede wijnen uit Frankrijk, Duitsland, Italië, Spanje, Portugal en Joegoslavië te vinden, vooral *wine lodges* (zie blz. 39) hebben een ruime keuze.

In de laatste jaren boekt zowaar de inheemse wijnbouw vooruitgang. De wijngebieden bij uitstek liggen natuurlijk in het zuiden, maar het blijkt dat de wijnstok ook in noordelijker streken gedijt, b.v. in Lincolnshire.

Wat voor soorten wijn hebt u?	**What kinds of wine do you have?**	ᵒᵉot kaindz ow ᵒᵉain dōē jōē hæw
Hebt u Engelse wijn?	**Do you have English wine?**	dōē jōē hæw inghlisj ᵒᵉain
Ik wil graag een fles witte/ rode wijn.	**I'd like a bottle of white wine/ red wine.**	aid laik ə bottəl ow ᵒᵉait ᵒᵉain/ red ᵒᵉain
Ik wil graag een ...	**I'd like... of ...**	aid laik... ow
fles	**a bottle**	ə bottəl
halve fles	**half a bottle**	haaf ə bottəl
(kleine) karaf	**a (small) carafe**	ə (smôôl) kəraaf
glas	**a glass**	ə ghlaas
Wilt u mij nog een fles/glas ... brengen?	**Please bring me another bottle/ glass of ...**	pliez bring mie ənaðə bottəl/ghlaas ow
Hoeveel kost een fles ...?	**How much is a bottle of ...?**	hau matsj iz ə bottəl ow

rood	**red**	red
wit	**white**	ᵒᵉait
rosé	**rosé**	„rosé"
zoet	**sweet**	sᵒᵉiet
droog	**dry**	drai
mousserend	**sparkling**	spaakling
gekoeld	**chilled**	tsjild
op kamertempera- tuur	**at room tempera- ture**	æt rōēm tempritsjə

Andere alcoholische dranken

Als aperitief drinken de Engelsen graag een *gin and tonic* (dzjin ænd **to**nnik), een *dry martini* (drai maa**ti**nni – droge vermout), een *bloody Mary* (**bla**ddi **me**əri – wodka met tomatesap) of een of twee glazen sherry.

Whisky is naast bier de meest geliefde alcoholische drank in Engeland. Als u gewoon whisky bestelt, krijgt u meestal een *scotch* (skotsj – Schotse whisky, voornamelijk uit gerst gedistilleerd). *Irish whiskey* (**ai**risj ᵒᵉ**is**ki – Ierse whisky) bevat naast gerst ook rogge, haver en tarwe en is iets milder van smaak dan Schotse whisky.

De hoeveelheid alcohol per glas is wettelijk vastgelegd. U kunt een *single* (**sin**ghəl – enkele) of een *double* (**da**bbəl – dubbele) bestellen.

Ik wil graag een whisky.	**I'll have a whisky, please.**	ail hæw ə ᵒᵉ**is**ki pliez
Ik drink het puur.	**I'll have it neat.**	ail hæw it niet
Met ijsblokjes graag.	**On the rocks, please.**	on ðə roks pliez
Een dubbele whisky, a.u.b.	**A double whisky, please.**	ə **da**bbəl ᵒᵉ**is**ki pliez
2 enkele en 1 dubbele whisky.	**2 singles and a double, please.**	2 **sin**ghəlz ænd ə **da**bbəl pliez
Met een klein scheutje sodawater.	**Just a dash of soda.**	dzjast ə dæsj ow **soo**də
Ik wil graag een glas sherry.	**I'd like a glass of sherry.**	aid laik ə ghlaas ow **sje**rri
Mag ik een grote gin-tonic?	**Give me a large gin and tonic, please.**	ghiw mie ə **laa**dzj dzjin ænd **to**nnik pliez

```
CHEERS!
(tsjieəz)
PROOST!
```

Ik wil graag 2 rum-cola.	I'd like 2 rum and cokes.	aid laik 2 ram ænd kooks
Ik wil graag een glaasje ...	I'd like a glass of ...	aid laik ə ghlaas ow
brandewijn	brandy	brændi
cognac	cognac	konjæk
likeur	liqueur	likjōēə
port	port	pôôt
rum	rum	ram
sherry	sherry	sjerri
vermout	vermouth	weuməθ
wodka	vodka	wodka

U zou ook een glas *cider* (**sai**də – appelwijn) kunnen proberen of een *cider cup* (**sai**də kap), een mengsel uit appelwijn, kruiden, suiker en ijs.

Alcoholvrije dranken

Mineraalwater is in Engeland nauwelijks bekend. Op verzoek kunt u in restaurants echter wel gewoon water krijgen. Vruchtesappen en andere alcoholvrije dranken zijn overal verkrijgbaar.

Ik wil graag ...	I'd like some ...	aid laik sam
limonade	lemonade	leməneed
mineraalwater	mineral water	minnərəl ᵒᵉôôtə
vruchtesap	fruit juice	frōēt dzjōēs
ananassap	pineapple juice	painæpəl dzjōēs
appelsasp	apple juice	æpəl dzjōēs
citroensap	lemon juice	lemmən dzjōēs
grapefruitsap	grapefruit juice	ghreepfrōēt dzjōēs
sinaasappelsap	orange juice	orrindzj dzjōēs
tomatesap	tomato juice	təmaatoo dzjōēs

Of probeert u eens...

blackcurrant juice	blækkarrənt dzjōēs	zwarte bessensap
ginger ale	dzjindzjə eel	gemberbier
lemon (or orange) squash	lemmən (ôô orrindzj) skᵒᵉosj	citroen (of sinaasappel) kwast
lime juice	laim dzjōēs	limoensap

Tea-time

Thee is Engelands nationale drank; overal en op bijna ieder moment van de dag kunt u een kop thee (*a cup of tea* – ə kap ow tie) krijgen. De Engelsen houden van sterke thee en doen vooraf melk in hun kopje.

De *afternoon tea* (aaftə**noēn** tie – middagthee) is een overblijfsel uit de goede oude tijd, toen men zich nog de tijd gunde om 's middags uitgebreid thee te drinken. Nu kunnen de meeste Engelsen zich dit genoegen alleen nog in de weekends of in de vakanties veroorloven. Daarentegen is de theepauze (*tea-break* – **tie**breek) 's morgens en 's middag een onaantastbaar recht voor iedereen, waar niet van afgeweken wordt.

Als buitenlander zou u eens de *afternoon tea* moeten gebruiken in een landelijke herberg, café of *tearoom* (**tier**oēm), waar nog alle tradities in ere worden gehouden. Daar krijgt u nog een uitgebreide theemaaltijd met drie gangen: kleine, driehoekig gesneden komkommer-, spek-, tomaten- of kaassandwiches, vervolgens *muffins* (**maf**finz) en *scones* (skonz), zoete broodjes die met slagroom uit Cornwall of Devon of met verse aardbeienjam bestreken worden en tenslotte cake en vruchtentaart. De lekkernijen worden u gebracht door vriendelijke oude dames, die het ook zelf gemaakt hebben. Vanzelfsprekend is in gelegenheden die hun goede naam hoog willen houden alles *home-made* (**hoom**meed – zelf gemaakt).

Wij willen graag thee voor 4 personen.	**A pot of tea for 4, please.**	ə pot ow tie fôô 4 pliez
Graag sterk/slap, a.u.b.	**I'd like it strong/ weak, please.**	aid laik it strong/oeiek pliez
Geen melk, dank u.	**No milk, thanks.**	noo milk ðænks
Graag een beetje suiker.	**Some sugar, please.**	sam **sjoe**ghə pliez
Met melk, graag.	**With milk, please.**	oeiθ milk pliez

Ik wil graag ...	I'd like some ...	aid laik sam
boter	**butter**	**batt**ə
brood	**bread**	bred
broodjes	**rolls**	roolz
cake	**cake**	keek
honing	**honey**	**hanni**
jam	**jam**	dzjæm
kruidkoek	**gingerbread**	**dzji**ndzjəbred
marmelade	**marmalade**	**maam**əleed
vruchtengebak	**fruit-cake**	**frōēt**keek

En vraag ook eens naar de volgende lekkernijen bij de thee:

buns
(banz)
krentebroodjes

crumpets
(**kram**pits)
rond, licht broodje, geroosterd en beboterd

Dundee cake
(**dan**di keek)
zachte vruchtencake

macaroons
(mækərōēnz)
makronen, bitterkoeken

shortbread
(**sjōōt**bred)
zandgebak

Koffie

Als u een echte koffiegenieter bent, zal de Engelse koffie u zeker tegenvallen, want behalve in enkele goede Engelse restaurants krijgt u overal oploskoffie (*instant coffee* – **in**stənt **kof**fi). Een espresso in een Italiaans restaurant komt meer met onze smaak overeen. In zelfbedieningszaken en cafés krijgt u automatisch koffie met melk, tenzij u uitdrukkelijk om zwarte koffie vraagt.

Echte warme chocolademelk (*hot chocolate* – hot **tsjok**lit) krijgt u alleen maar in zeer goede restaurants, meestal is het gewoon cacao (*cocoa* –**koo**koo).

Ik wil graag een kopje koffie.	I'd like a cup of coffee, please.	aid laik ə kap ow **kof**fi pliez
Zwart, graag.	I'd like it black, please.	aid laik it blæk pliez

Hapjes – Snacks

Als u uw hotel 's morgens na een uitgebreid Engels ontbijt verlaat, hebt u tussen de middag waarschijnlijk genoeg aan een lichte *lunch* (lantsj) of *snack* (snæk) die u – net als de Engelsen – in een pub, een warenhuis of een snackbar gaat eten.

U hebt dan ook de gelegenheid om eens *fish and chips* (fisj ænd tsjips), gebakken vis (kabeljauw, heilbot, zeesnoek of schol) met patates te proberen. Of u koopt een *sausage roll* (**so**ssidzj rool – broodje warme worst), een *pork pie* (pôôk pai – varkensgehakt in deegrand) of een *spring roll* (spring rool – loempia) en gaat dat lekker op een bankje in een park opeten.

Ik wil graag een/wat ...	I'd like ...	aid laik
biscuits	some biscuits	sam biskits
brood	some bread	sam bred
broodjes	some rolls	sam roolz
chips	some potato crisps	sam pəteetoo krisps
chocolade	some chocolate	sam tsjoklit
(een half) gebraden haantje	(half a) roasted chicken	(haaf ə) roostid tsjikkin
hamburger	a hamburger	ə hæmbeughə
ijs	an ice cream	ən ais kriem
kaas	some cheese	sam tsjiez
mosterd	some mustard	sam mastəd
patates	some chips	sam tsjips
pizza	some pizza	sam pietsə
roerei	scrambled eggs	skræmbəld eghz
spiegeleieren	some fried eggs	sam fraid eghz
vleespastei	a meat-pie	ə mietpai
worstje met brood	a hot dog	ə hot dogh

Een geliefkoosde snack is toost met iets erop, waarbij dan in onze ogen soms wat vreemde combinaties gekozen worden:

baked beans on toast	beekt bienz on toost	witte bonen op toost
cheese on toast	tsjiez on toost	toost met kaas
mushrooms on toast	masjrōēmz on toost	toost met champignons

DRANKEN, zie blz. 58

UIT ETEN

Rondreizen

Vliegtuig

Is er een vlucht naar Edinburgh?	**Is there a flight to Edinburgh?**	iz ðeə ə flait tōē eddinbrə
Hoe laat gaat het volgende vliegtuig naar Dublin?	**When's the next plane to Dublin?**	°eenz ðə nekst pleen tōē dablin
Is er een verbinding naar ...?	**Is there a connection to ...?**	iz ðeə ə kəneksjən tōē
Mag ik een ticket naar London?	**I'd like a ticket to London.**	aid laik ə tikkit tōē landən
enkele reis	**single**	singhəl
retour	**return**	riteun
toeristenklas	**economy class**	ikonnəmi klaas
eerste klas	**first class**	feust klaas
Ik wil graag mijn reservering voor de vlucht naar ... annuleren/veranderen.	**I want to cancel/ change my reservation to ...**	ai °eont tōē kænsəl/ tsjeendzj mai rezərweesjən tōē
Hoe laat vertrekt het toestel?	**When does the plane take off?**	°eeen daz ðə pleen teek of
Heeft het vliegtuig naar ... vertraging?	**Is the flight to ... delayed?**	iz ðə flait tōē... dileed
Hoe laat moet ik mij melden met de bagage?	**What time do I have to check in?**	°eeot taim dōē ai hæw tōē tsjek in
Wat is het vluchtnummer?	**What's the flight number?**	°eeots ðə flait nambə
Hoe laat komen we aan?	**What time do we arrive?**	°eeot taim dōē °eie əraiw
Is er een belastingvrije winkel?	**Is there a dutyfree shop?**	iz ðeə ə djōētifrie sjop

ARRIVAL	**DEPARTURE**
AANKOMST	VERTREK

FASTEN SEAT BELTS
RIEMEN VASTMAKEN

RONDREIZEN

66

Trein

De Engelse spoorwegen (*British Rail* – **bri**ttisj reel) bieden de toerist niet alleen comfort en een goede service, maar ook een gunstig vakantietarief voor 8, 15, 22 dagen of 1 maand onbeperkt reizen door heel Groot-Brittannië. Deze *BritRail Pass* (**brit**reel paas) is alleen verkrijgbaar bij een reisbureau in uw eigen land, dus niet in Engeland. *BritRail Youth Pass* (**brit**reel jōēθ paas) is voor jongeren van 14 tot 22 jaar oud. Kinderen van 3 tot 13 jaar betalen half geld. Voor nadere inlichtingen kunt u zich het beste wenden tot de informatiebureaus van het *British Rail Travel Centre*.

Er bestaan ook goedkope excursies (*excursion tickets* – ek**skeu**sjən **ti**kkits) en speciale weekendtrips, evenals reducties voor gezinnen en studenten (*family/student reductions* – **fæ**mili/**stjoe**dənt ri**dak**sjənz).

Het grote aantal stations in London kan verwarrend werken; overtuig u er daarom tijdig van dat u op het goede station bent en dat de trein in de gewenste richting gaat.

De meeste treinen, ook de forensentreinen, hebben eerste en tweede klas wagons; u kunt deze herkennen aan de romeinse I op de eersteklas wagons. Als u een kaartje koopt, krijgt u een tweede klas kaartje als u er niet speciaal *first class* bij zegt. De lange-afstand-sneltreinen met restauratiewagen zijn zeer snel, comfortabel en meestal stipt op tijd. Er rijden voortreffelijke nachttreinen, bijvoorbeeld naar Schotland.

De verschillende soorten treinen

Express (ek**spres**)	ook wel *Inter City train* genoemd; sneltrein tussen de grotere steden, stopt slechts op enkele stations
Local (**loo**kəl)	stoptrein
Motorail (**moo**təreel)	autotrein, vroegtijdige reservering is noodzakelijk

RONDREIZEN

Naar het station

Waar is het station?	**Where's the railway station?**	ᵒᵉeez ðə **reel**ᵒᵉee **stees**jən
Taxi!	**Taxi, please!**	**tæk**si pliez
Naar King's Cross Station, a.u.b.	**Take me to King's Cross Station, please.**	teek mie tōē kingz kros **stees**jən pliez
Hoeveel kost de rit?	**What's the fare?**	ᵒᵉots ðə fee
Welke bus gaat naar Victoria Station?	**Which bus goes to Victoria Station?**	ᵒᵉitsj bas ghooz tōē wik**tôô**riə **stees**jən

---

ENTRANCE	INGANG
EXIT	UITGANG
TO THE PLATFORMS	NAAR DE PERRONS

Kaartjes

Wat kost een kaartje naar ...?	**What's the fare to ...?**	ᵒᵉots ðə fee tōē
Mag ik een kaartje naar ...?	**I'd like a ticket to ..., please.**	aid laik ə **tik**kit tōē... pliez
enkele reis	**single**	**singh**əl
retour	**return**	ri**teun**
eerste/tweede klas	**first/second class**	feust/**sek**kənd klaas
Hij/Zij is 13 jaar.	**He's/She's 13.**	hiez/sjiez 13
Ik wil graag een zitplaats reserveren.	**I'd like to make a seat reservation.**	aid laik tōē meek ə siet rezə**wee**sjən
Mag ik een spoorboekje, a.u.b.?	**I'd like a timetable, please.**	aid laik ə **taim**teebəl pliez

---

 First or second class?
Single or return?
How old is he/she?

 Eerste of tweede klas?
Enkele reis of retour?
Hoe oud is hij/zij?

GETALLEN, zie blz. 175

RONDREIZEN

Inlichtingen

Wat kost een kaartje naar ...?	What's the fare to ...?	°°ots ðə feə tōē
Is er een speciale excursieprijs?	Is there a special excursion fare?	iz ðeə ə spesjəl ekskeusjən feə
Wanneer gaat de ... trein naar ...?	When is the ... train to ...?	°°en iz ðə... treen tōē
eerste/laatste/ volgende	first/last/next	feust/laast/nekst
Is het een sneltrein?	Is it a fast train?	iz it ə faast treen
Stopt de trein in ...?	Does the train stop at ...?	daz ðə treen stop æt
Hoe laat komt de trein in ... aan?	What time does the train arrive in ...?	°°ot taim daz ðə treen əraiw in
Is er een restauratie- wagen in de trein?	Is there a dining car on the train?	iz ðeə ə daining- kaa on ðə treen
Van welk perron vertrekt de trein naar ...?	What platform does the train for ... leave from?	°°ot plætfôôm daz ðə treen fôô... liew from
Waar is/zijn de/het ...?	Where is/Where are the ...?	°°eeriz/°°eeraa ðə
bagagedepot	left-luggage office	left-laghidzj offis
bagagekluizen	luggage lockers	laghidzj lokkəz
bloemenwinkel	flower shop	flauə sjop
brievenbus	letter box	lettə boks
bureau voor gevonden voorwerpen	lost property office	lost proppəti offis
hotelbemiddeling	hotel reservation desk	hootel rezəweesjən desk
inlichtingenbureau	inquiries office	ink°°aiəriz offis
krantenkiosk	newsstand	njōēzstænd
loket	booking office	boekking offis
perron 7	platform 7	plætfôôm 7
reisbureau	travel agency	træwəl eedzjənsi
stationsrestauratie	restaurant	restərənt
wachtkamer	waiting room	°°eeting rōēm
wisselkantoor	currency exchange office	karrənsi ekstsjeendzj offis
Waar zijn de toiletten?	Where are the toilets?	°°eeraa ðə toilits

Bagage – Kruiers

Kruier!	**Porter!**	pôôtə
Kunt u mij met mijn bagage helpen?	**Can you help me with my bags?**	kæn jōē help mie °ⁱð mai bæghz
Ik moet de trein naar ... hebben.	**I'm leaving with the train for ...**	aim liewing °ⁱð ðə treen fôô
Kan ik deze bagage laten inschrijven?	**Can I have this luggage registered?**	kæn ai hæw ðis laghidzj redzjistəd

Instappen

Is dit het goede perron voor de trein naar ...?	**Does the train for ... leave from this platform?**	daz ðə treen fôô... liew from ðis plætfôôm
Is dit de trein naar ...?	**Is this the train for ...?**	iz ðis ðə treen fôô
Van welk perron vertrekt de trein naar ...?	**What platform does the train for ... leave from?**	°ⁱot plætfôôm daz ðə treen fôô... liew from
Waar is perron 7?	**Where's platform 7?**	°ⁱeəz plætfôôm 7

It's a fast train.	Het is een sneltrein.
You have to change at ...	U moet overstappen in ...
Change at ... and get a local train.	U moet overstappen in ... en daar een stoptrein nemen.
Platform 7 is ...	Perron 7 is ...
over there/upstairs on the left/right	daarginds/boven links/rechts
A train for ... leaves at ... o'clock.	Er gaat een trein naar ... om ... uur.
Your train leaves from platform ...	Uw trein vertrekt van perron ...
There will be a delay of ... minutes.	De trein heeft ... minuten vertraging.

KRUIERS, zie ook blz. 24

RONDREIZEN

Onderweg

Is deze plaats bezet?	**Is this seat taken?**	iz ðis siet **tee**kən
Ik geloof dat dit mijn plaats is.	**I think that's my seat.**	ai θink ðæts mai siet
Hebt u er bezwaar tegen als ik het raam open/dicht doe?	**Do you mind if I open/shut the window?**	dōē jōē maind if ai **oo**pən/sjat ðə **°°in**doo
Zoudt u even op mijn bagage willen letten?	**Would you mind looking after my luggage for a moment?**	°°oed jōē maind **loe**kking **aaf**tə mai **lag**hidzj fôô ə **moo**mənt
Wilt u mij waarschuwen voor we in ... aankomen?	**Would you let me know before we get to ...?**	°°oed jōē let mie noo bi**fôô** °°ie ghet **tōē**
Welk station is dit?	**What station is this?**	°°ot **stee**sjən iz ðis
Hoe lang staat de trein hier stil?	**How long does the train stop here?**	hau long daz ðə treen stop **hie**ə
Hoe laat komen we in ... aan?	**When do we get to ...?**	°°en dōē °°ie ghet **tōē**
Heeft de trein vertraging?	**Is the train delayed?**	iz ðə treen di**leed**

Gedurende de reis zal de controleur langskomen en
„Tickets, please!" (Plaatsbewijzen, a. u. b.!) verlangen.

NO SMOKING VERBODEN TE ROKEN	**SMOKERS** ROKEN

Restauratiewagen

Waar is de restauratiewagen?	**Where's the dining car?**	°°**eə**z ðə **dai**ning kaa
Eerste/Tweede oproep voor het diner!	**First/Second sitting!**	feust/**sek**kənd **sit**ting

Slaapwagen

Zijn er nog coupés vrij in de slaapwagen?	**Are there any free compartments in the sleeping car?**	aa ðeə enni frie kompaatmənts in ðə slieping kaa
Waar is de slaapwagen?	**Where's the sleeping car?**	ᵒᵉeəz ðə slieping kaa
Waar is mijn couchette?	**Where's my berth?**	ᵒᵉeəz mai beuθ
Coupé 18 en 19, a.u.b.	**Compartments 18 and 19, please.**	kompaatmənts 18 ænd 19 pliez
Ik wil graag onder/boven slapen.	**I'd like a lower/an upper berth.**	aid laik ə looᵒᵉə/ən appə beuθ
Wilt u onze bedden gereed maken, a.u.b.	**Would you make up our berths, please.**	ᵒᵉoed jōē meek ap auə beuθs pliez
Wilt u mij a.u.b. om 7 uur wekken?	**Would you call me at 7 o'clock, please.**	ᵒᵉoed jōē kôôl mie æt 7 əklok pliez
Wilt u mij morgenochtend a.u.b. thee/koffie brengen?	**Would you please bring me tea/coffee in the morning?**	ᵒᵉoed jōē pliez bring mie tie/koffi in ðə môôning

Gevonden voorwerpen

Waar is het bureau voor gevonden voorwerpen/politiebureau?	**Where's the lost-property office/police station?**	ᵒᵉeəz ðə lost proppəti offis/pəlies steesjən
Ik heb mijn ... verloren.	**I've lost my ...**	aiw lost mai
handtas	**handbag**	hændbægh
horloge	**wristwatch**	ristᵒᵉotsj
paspoort	**passport**	paaspôôt
portefeuille	**wallet**	ᵒᵉollit
portemonnee	**purse**	peus
ring	**ring**	ring
Ik heb hem/het verloren in ...	**I lost it in ...**	ai lost it in
Het heeft veel waarde.	**It's very valuable.**	its werri wæljoeəbəl

SIERADEN, zie blz. 115

RONDREIZEN

72

Busdiensten

In Engeland neemt men ook voor grotere afstanden graag de bus. Goedkope en gerieflijke touringcars brengen u naar tal van interessante reisdoelen. Touringcars worden *coach* (kootsj) genoemd, stads- en streekbussen *bus* (bas).

Waar kan ik een bus naar ... vinden?	**Where can I get a coach to ...?**	ᵒᵉeə kæn ai ghet ə kootsj tōē
Welke bus gaat naar ...?	**Which coach do I take for ...?**	ᵒᵉitsj kootsj dōē ai teek fôô
Waar is de/het ...?	**Where's the ...?**	ᵒᵉeəz ðə
bushalte	**bus stop**	bas stop
busstation	**bus terminus/coach station**	bas teuminəs/ kootsj steesjən
Wanneer gaat de ... bus naar ...?	**When's the ... coach to ...?**	ᵒᵉenz ðə... kootsj tōē
eerste/laatste/ volgende	**first/last/ next**	feust/laast/nekst
Moet ik overstappen?	**Do I have to change coaches?**	dōē ai hæw tōē tsjeendzj kootsjiz
Stopt de bus in ...?	**Does the bus stop in ...?**	daz ðə bas stop in
Ik wil graag een dienstregeling.	**I'd like a time-table, please.**	aid laik ə taimteebəl pliez

Kaartjes

Waar is het ...?	**Where's the ...?**	ᵒᵉeəz ðə
inlichtingen-bureau	**inquiries office**	inkᵒᵒaiəriz offis
loket	**booking office**	boekking offis
Wat kost een kaartje naar ...?	**What's the fare to ...?**	ᵒᵉots ðə feə tōē
Ik wil graag een kaartje naar ...	**I'd like a ticket to ..., please.**	aid laik ə tikkit tōē... pliez
enkele reis	**single**	singhəl
retour	**return**	riteun

De Londense bussen

De rode dubbeldeks bussen (*double deckers* – **da**bbəl **de**kkəz) zijn wereldberoemd. Bij haltes staan de passagiers keurig en geduldig in een rij te wachten. Bij een halte waar een bordje *Request stop* (bus stopt op verzoek) staat, moet u uw hand opsteken om de bus te laten stoppen. Vergeet u niet, dat er in Engeland links gereden wordt, zodat u niet per ongeluk de bus met het goede nummer maar in de verkeerde richting neemt. Kijk altijd even voor op de bus naar de eindbestemming om te zien of hij in de gewenste richting gaat.

De groene enkeldeks bussen (*single deckers* – **sing**həl **de**kkəz) van de *Green Line* (ghrien lain) onderhouden de verbindingen met de voorsteden en het omliggende platteland.

Bij de meeste Londense bussen komt de conducteur tijdens de rit geld ophalen. Vertel hem waar u naartoe wilt, want de ritprijs is afhankelijk van de afstand; hou zo mogelijk gepast geld gereed.

In de dubbeldeks bussen mag bovenin gerookt worden.

Rode kaartjes, *Red Rovers* (red **roo**wəz), zijn voordelige dagkaarten op het hele Londense vervoersnet. Voor de landelijke omstreken van London zijn er de *Green Rovers* (ghrien **roo**wəz). Nadere inlichtingen hierover krijgt u bij het station van de ondergrondse op Piccadilly Circus.

Kunt u mij ook zeggen waar de dichtstbijzijnde bushalte is?	**Excuse me. Where's the nearest bus stop?**	ekskjōēz mie. ᵒᵉeəz ðə nieərist bas stop
Rijdt deze bus in de richting van ...?	**Does this bus go to...?**	iz ðis ðə rait daireksjən fôô ə bas tōē
Ik wil naar ... gaan.	**I'd like to get to ...**	aid laik tōē ghoo tōē
Kunt u mij zeggen wanneer we in ... aankomen?	**Please tell me when we get to ...**	pliez tel mie ᵒᵉen ᵒᵉie ghet tōē

Ondergrondse

De *underground* (**an**deghraund – ondergrondse) wordt in de volksmond ook wel *tube* (tjo͞eb) genoemd. Het is een uitermate snel en praktisch openbaar vervoermiddel, dat kriskras door de hele stad en zelfs tot aan een groot aantal buitenwijken loopt. Plattegronden in de stations en in de treinstellen, geven de verschillende lijnen in afzonderlijke kleuren aan, zodat u kunt zien waar u bent of naar toe moet.

De prijs van een kaartje hangt af van de afstand die u wilt afleggen. Koop uw kaartje aan de ingang van het station, ofwel bij een loket ofwel uit een automaat. Op weg naar het perron moet u waarschijnlijk uw kaartje (met de bovenkant naar boven) in een stempelmachine doen. Bewaar uw kaartje tijdens de reis; u moet het afgeven bij het verlaten van het station van uw bestemming. Kinderen tot 14 jaar reizen voor half geld.

Voordat u de trap, de lift of de roltrap naar de perrons neemt moet u zich goed op de hoogte stellen van welk perron u moet hebben, welke richting u uit moet en naar u uit of over moet stappen. Buiten het centrum van Londen splitsen bepaalde lijnen zich. Vlak voordat een trein het station binnenkomt, gaat er een verlicht bord aan waarop de verdere route staat aangegeven. De ondergrondse rijdt van 6 uur 's morgens tot rond het middernachtelijk uur. Geen enkele lijn rijdt de hele nacht door.

Waar is het dichtstbijzijnde metrostation?	**Where's the nearest underground station?**	ᵒᵉeəz ðə **nie**ərist andəghraund **stees**jən
Gaat deze trein naar Pimlico?	**Does this train go to Pimlico?**	daz ðis treen ghoo to͞e **pim**likoo
Waar moet ik overstappen voor Victoria Station?	**Where do I change for Victoria Station?**	ᵒᵉeə do͞e ai tsjeendzj fôô wik**tôô**riə **stees**jən
Is de volgende halte Piccadilly Circus?	**Is the next station Piccadilly Circus?**	iz ðə nekst **stees**jən **pikk**ədilli **seu**kəs

Boot

Engeland is altijd sterk op de zee georiënteerd geweest; schepen onderhouden niet alleen de verbinding tussen de diverse Engelse havensteden en eilanden, maar ook die met het vasteland van Europa. De grote havensteden van België en Frankrijk profiteren mede van de diensten van de *ferries* (**fe**rriz – veerboten) en *hovercraft* (**ho**wwəkraaft – luchtkussenboten). Voor inlichtingen en plaatsbewijzen kunt u zich wenden tot de reisbureaus in Londen of in de grote havensteden.

Als u zomaar wat wilt varen ter ontspanning, dan is een tochtje over de Theems zeer geschikt. In Londen hebt u vanaf de rivier een fraai uitzicht op allerlei historische gebouwen, maar het is ook leuk om het dal van de Theems te verkennen met een gehuurde roeiboot of *punt* (pant – platboomd vaartuig). Tochtjes maken in zo'n vaartuig (*punting* – **pan**ting) is vooral erg populair in de universiteitssteden Cambridge en Oxford.

Ik wil graag een ... huren.	I'd like to hire a ...	aid laik tōē haiə ə
kano	canoe	kənōē
motorboot	motorboat	mootəboot
roeiboot	rowing boat	roo°eing boot
zeilboot	sailing boat	seeling boot

Andere vervoermiddelen

auto	car	kaa
brommer	moped	mooped
fiets	bicycle	baisikəl
motorfiets	motorcycle	mootəsaikəl
scooter	scooter	skōētə

En verder kunt u ook ...

liften	hitchhike	hitsjhaik
lopen	walk	°eôôk
paardrijden	ride	raid

RONDREIZEN

Sightseeing

Op de volgende bladzijden houden wij ons voornamelijk bezig met de bezienswaardigheden. Aan ontspanning is een afzonderlijk hoofdstuk gewijd, zie blz. 81 e.v.

Kunt u mij een goede reisgids voor ... aanbevelen?	**Can you recommend a good guidebook on ...?**	kæn jōe rekəmend ə ghoed **ghaid**boek on
Is er hier een verkeerskantoor?	**Is there a tourist office here?**	iz ðeə ə t**ōē**rist offis hiə
Wat zijn de belangrijkste bezienswaardigheden?	**What are the main points of interest?**	°eot aa ðə meen points ow intrest
Wij blijven hier ...	**We're here for ...**	°eiea hiə fôô
een paar uur	**a few hours**	ə fjōe auəz
één dag	**one day**	°ean dee
3 dagen	**3 days**	3 deez
een week	**a week**	ə °eiek
Kunt u een stadsrondrit aanbevelen?	**Can you recommend a sightseeing tour?**	kæn jōe rekəmend ə **sait**sieing toeə
Vanwaar vertrekt de bus?	**Where does the bus start from?**	°eeə daz ðə bas staat from
Komt de bus ons bij het hotel ophalen?	**Will the bus pick us up at the hotel?**	°eil ðə bas pik as ap æt ðə hootel
Welke bus/metro moeten we nemen?	**What bus/underground do we take?**	°eot bas/andəghraund dōe °eie teek
Wat kost de rondrit?	**How much does the tour cost?**	hau matsj daz ðə toeə kost
Hoe laat begint de rondrit?	**What time does the tour start?**	°eot taim daz ðə toeə staat
Wij willen graag voor een dag een auto huren.	**We'd like to hire a car for a day.**	°eied laik tōe haiə ə kaa fôô ə dee
Is er een gids die Nederlands/Frans/Duits spreekt?	**Is there a Dutch/French/German-speaking guide?**	iz ðeə ə datsj/frentsj/dzjeumən-spieking ghaid

TIJD, zie blz. 178

Waar is/zijn de/het ...?	Where is/Where are the ...?	ᵒᵉeəriz/ᵒᵉeəraa ðə
aquarium	aquarium	əkᵒᵉeəriəm
beurs	stock exchange	stok ekstsjeendzj
bibliotheek	library	laibrəri
botanische tuin	botanical garden	bətænikəl ghaadən
centrum	town centre	taun sentə
concertgebouw	concert hall	konsət hôôl
congrescentrum	conference centre	konfrəns sentə
dierentuin	zoo	zōō
fabriek	factory	fæktəri
fontein	fountain	fauntin
fort	fortress	fôôtris
gebouw	building	bilding
gedenkteken	memorial	məmôôriəl
gerechtshof	law courts	lôô kôôts
graf	tomb	tōēm
handelswijk	business district	biznis distrikt
haven	port	pôôt
kaden	docks	doks
kapel	chapel	tsjæpəl
kasteel	castle	kaasəl
kathedraal	cathedral	kəθiedrəl
kerk	church	tsjeutsj
kerkhof	cemetery	semmətəri
klooster	convent	konwənt
kunstgalerie	art gallery	aat ghæləri
markt	market	maakit
meer	lake	leek
monument	monument	monjoemənt
moskee	mosque	mosk
museum	museum	mjōēziəm
observatorium	observatory	obzeuwətri
opera	opera	oprə
oude stad	old town	oold taun
paleis	palace	pæləs
park	park	paak
parlementsgebouw	Houses of Parliament	hauziz ow paaləmənt
planetarium	planetarium	plænəteəriəm
postkantoor	post office	poost offis
ruïnes	ruins	rōēinz
stadhuis	town hall	taun hôôl
stadion	stadium	steediəm
standbeeld	statue	stætsjōē
synagoge	synagogue	sinnəghogh

televisiestudio's	**television studios**	teliwizjən stjōēdijooz
tentoonstelling	**exhibition**	eksibisjən
tennisbaan	**tennis courts**	tennis kôôts
theater	**theatre**	θiətə
toren	**tower**	tauə
tuinen	**garden**	ghaadən
universiteit	**university**	jōēniweusiti
vliegveld	**airport**	eəpôôt
winkelcentrum	**shopping centre**	sjopping sentə

Toegang

Is ... op zondag open?	**Is ... open on Sundays?**	iz... oopən on sandiz
Wanneer gaat het open/dicht?	**When does it open/close?**	oeen daz it oopən/klooz
Hoeveel is de toegangsprijs?	**How much is the entrance fee?**	hau matsj iz ði entrəns fie
Is er een reductie voor ...?	**Is there a reduced price for ...?**	iz ðeə ə ridjōēst prais fôô
gezinnen	**families**	fæmiliz
kinderen	**children**	tsjildrən
65-plussers	**old-age pensioners**	ooldeedzj pensjənəz
studenten	**students**	stjōēdənts
Waar kan ik een kaartje kopen?	**Where can I get a ticket?**	oeeə kæn ai ghet ə tikkit
Hebt u reisgidsen/ ansichtkaarten?	**Have you any travel guides/ postcards?**	hæw jōē enni træwəl ghaidz/poostkaadz
Mag ik hier fotograferen?	**May I take photographs here?**	mee ai teek footəghræfs hieə

ADMISSION FREE VRIJE TOEGANG	**NO CAMERAS ALLOWED** VERBODEN TE FOTOGRAFEREN

Wie – Wat – Wanneer?

Wat is dat voor gebouw?	**What's that building?**	ᵒᵉots ðæt **bilding**
Wie heeft het gebouwd?	**Who built it?**	hōē bilt it
Wanneer werd het gebouwd?	**When was it built?**	ᵒᵉen did hie liw
Wie was de ...?	**Who was the ...?**	hōē ᵒᵉos ðə
architect	**architect**	aakitekt
beeldhouwer	**sculptor**	skalptə
kunstenaar	**artist**	aatist
schilder	**painter**	peentə
Wie heeft dit schilderij gemaakt?	**Who painted this picture?**	hōē **peentid** ðis **piktsjə**
Waar is het huis waar ... gewoond heeft?	**Where's the house in which ... lived?**	ᵒᵉeəz ðə haus in ᵒᵉietsj ... liwd
Wij hebben belangstelling voor ...	**We're interested in ...**	ᵒᵉieə intrestid in
antiek	**antiques**	æn**tieks**
archeologie	**archaeology**	aankiolledzji
beeldhouwkunst	**sculpture**	skalptsjə
bouwkunde	**architecture**	aakitektsjə
dierkunde	**zoology**	zoeoledzji
geschiedenis	**history**	histəri
literatuur	**literature**	litrətsjə
(moderne) kunst	**(modern) art**	(modən) aat
kunstnijverheid	**crafts**	kraafts
meubelen	**furniture**	feunitsjə
munten	**coins**	koinz
muziek	**music**	mjōēzik
plantkunde	**botany**	bottəni
porcelein	**porcelain**	pôôslin
postzegels	**philately**	filætəli
schilderkunst	**painting**	peenting
tuinarchitectuur	**landscape gardening**	lændskeep ghaadəning
vogelkunde	**ornithology**	ôôniθolledzji
wapens	**arms**	aamz
zilver	**silver**	silvə
Waar is de afdeling voor ...?	**Where's the ... department?**	ᵒᵉeəz ðə... di**paat**mənt

En hier de woorden om uw indrukken weer te geven:

afschuwelijk	**awful**	ôôfəl
fantastisch	**fantastic**	fæntæstik
indrukwekkend	**impressive**	impressiw
interessant	**interesting**	intresting
lelijk	**ugly**	aghli
magnifiek	**magnificent**	mæghniffisənt
mooi	**beautiful**	bjōētifəl
onheilspellend	**sinister**	sinnistə
overweldigend	**overwhelming**	oowəᵒᵒelming
prachtig	**splendid**	splendid
romantisch	**romantic**	romæntik
schitterend	**superb**	sɪōēpeub
somber	**gloomy**	ghlōēmi
verbazingwekkend	**surprising**	səpraizing
verschrikkelijk	**horrible**	horribəl
vreemd	**strange**	streendzj

Kerkdiensten

Is er een ... in de buurt?	**Is there a ... near here?**	iz ðeə ə... nieə hieə
katholieke kerk	**Catholic church**	kæθəlik tsjeutsj
protestantse kerk	**Protestant church**	prottistənt tsjeutsj
synagoge	**synagogue**	sinnəghogh
Hoe laat begint de ...?	**What time is ...?**	ᵒᵒot taim iz
dienst	**the service**	ðə seuwis
mis	**mass**	mæs
dominee	**minister**	minnistə
priester	**priest**	priest
rabbijn	**rabbi**	ræbai
Mag ik hier fotograferen?	**Is it all right to take pictures?**	iz it ôôl rait tōē teek piktsjəz
Mag ik een boek/ brochure over deze kerk/kathedraal?	**Can I buy a book/ brochure about this church/cathedral?**	kæn ai bai ə boek/brosjoeə əbaut ðis tsjeutsj/kəθiedrəl
Hebt u ansicht- kaarten?	**Have you any pic- ture-postcards?**	hæw jōē enni piktsjə- poostkaadz

Ontspanning

Bioscoop – Schouwburg

Nadere bijzonderheden over bioscoop- en theaterprogramma's kunt u lezen op aanplakbiljetten en in de uitgaansrubriek (*Entertainment*) van de kranten. Bovendien verschijnen er in Londen wekelijks informatiebladen, zoals *What's on in London* en *Time Out*. Dit laatste geeft niet alleen informatie over conventionele evenementen, maar ook over bijzondere activiteiten van het *alternative London*.

Bijna alle theaters zijn op zondag dicht. Toneelvoorstellingen beginnen meestal tussen 19.30 en 20.30 uur, vaak zijn er ook matinees. Kaartjes kunt u kopen bij kaartverkoopbureaus; zorg wel dat u er tijdig bij bent. De toegangsprijzen staan altijd aangegeven.

Bioscoopvoorstellingen, die vaak zonder onderbreking doorlopen, beginnen door de week om ongeveer 14 uur. Lange films worden gewoonlijk in speciale voorstellingen vertoond, waarvoor men van te voren kaartjes moet bestellen.

Hebt u een uitgaans-informatieblad voor ...?	**Do you have an entertainment guide for ...?**	dōē jōē hæw ən entəteenmənt ghaid fôô
Wat draait er van-avond in de bioscoop?	**What's on at the cinema tonight?**	ᵒᵉots on æt ðə sinnəmə tənait
Is hier een open-luchttheater?	**Is there an open-air theatre?**	iz ðeə ən oopən-eə θiətə
Wat is er in het ... theater te doen?	**What's on at the ... theatre?**	ᵒᵉots on æt ðə ... θiətə
Wat voor soort stuk is het?	**What sort of play is it?**	ᵒᵉot sôôt ow plee iz it
Wie heeft het geschreven?	**Who's it by?**	hōēz it bai

Waar wordt de nieuwe film van ... vertoond?	Where is ... 's new film showing?	°°eəriz... 'z njōē film sjoo°°ing
Kunt u mij (een) ... aanbevelen?	Can you recommend ...?	kæn jōē rekəmend
blijspel	a comedy	ə kommədi
documentaire	a documentary film	ə dokjoementəri film
goede film	a good film	ə ghoed film
iets luchtigs	something light	samθing lait
musical	a musical	ə mjōēzikəl
revue	a revue	ə riwjōē
tekenfilm	a cartoon film	ə kaatōēn film
thriller	a thriller	ə θrillə
toneelstuk	a play	ə plee
wildwestfilm	a western	ə °°estən
In welke schouwburg wordt het nieuwe stuk van ... gespeeld?	At what theatre is that new play by ... being played?	æt °°ot θiətə iz dæt njōē plee bai... bieing pleed
Wie spelen er in mee?	Who's in it?	hōēz in it
Wie heeft de hoofdrol?	Who's playing the lead?	hōēz pleeing ðə lied
Hoe laat begint de voorstelling?	What time does the show begin?	°°ot taim dəz ðə sjoo bighin
Hoe laat is het afgelopen?	What time does it end?	°°ot taim dəz it end
Zijn er nog kaartjes voor vanavond?	Are there any tickets left for tonight?	aa ðeə enni tikkits left fôô tənait
Wat kosten de kaartjes?	How much are the tickets?	hau matsj aa ðə tikkits
Ik wil graag 2 plaatsen voor a.s. vrijdagavond bestellen.	I'd like to book 2 seats for next Friday evening.	aid laik tōē boek 2 siets fôô nekst fraidi iewning
Kan ik een kaartje krijgen voor de matinee op dinsdag?	Can I have a ticket for the matinée on Tuesday?	kæn ai hæw ə tikkit fôô ðə mætinee on tjōēzdi
Ik wil graag een plaats in de zaal/ op het balkon.	I'd like a seat in the orchestra/in the circle.	aid laik ə siet in ði ôôkistrə/in ðə seukəl

DAGEN VAN DE WEEK, zie blz. 181

Wat kosten de plaatsen op de eerste rij?	How much are the seats in the first row?	hau matsj aa ðə siets in ðə feust roo
Niet te ver naar achteren/voren.	Not too far back/forward.	not tōē faa bæk/fôô°ᵉəd
Ongeveer in het midden.	Somewhere in the middle.	sam°ᵉeə in ðə middəl
Mag ik a.u.b. een programma?	May I have a programme, please?	mee ai hæw ə prooghræm pliez

Ballet – Concert – Opera

Waar is de opera/het concertgebouw?	Where's the opera house/concert hall?	°ᵉeəz ði oprə haus/konsət hôôl
Wat wordt er vanavond in de opera gegeven?	What's on at the opera tonight?	°ᵉots on æt ði oprə tənait
Ik wil graag een ballet/operette zien.	I'd like to see a ballet/an operetta.	aid laik tōē sie ə bælee/ən opərettə
Wie zingt/danst er?	Who's singing/dancing?	hōēz singing/daansing
Wat spelen zij?	What are they playing?	°ᵉot aa ðee pleeing
Welk orkest speelt er?	What's the name of the orchestra?	°ᵉots ðə neem ow ði ôôkistrə
Wie is de dirigent?	Who's the conductor?	hōēz ðə kəndaktə
Hoe laat begint de voorstelling?	What time does the programme start?	°ᵉot taim daz ðə prooghræm staat

---

I'm sorry, we're sold out.	Het spijt me, alles is uitverkocht.
There are only a few seats left in the circle/in the orchestra.	Er zijn nog enkele plaatsen over op het balkon/in de zaal.
May I see your ticket?	Mag ik uw plaatsbewijs zien?
This is your seat.	Dit is uw plaats.

Nachtclubs

Nightclubs (**nait**klabz) lijken overal ter wereld op elkaar, vooral wat betreft de hoge prijzen. In de duurste gelegenheden kunt u eten, dansen en van een goed amusementsprogramma genieten. Het verdient aanbeveling tijdig een tafel te reserveren en houdt u rekening met prijsverhogingen.

Sommige clubs laten alleen leden toe, anderen bieden de mogelijkheid van een kortstondig lidmaatschap en weer anderen zijn voor iedereen toegankelijk. De meeste nachtclubs sluiten om 2 uur 's nachts.

Kunt u mij een goede nachtclub aanbevelen?	**Can you recommend a good nightclub?**	kæn jōē rekəmend ə ghoed **nait**klab
Is er een floorshow?	**Is there a floor show?**	iz ðeə ə flôô sjoo
Hoe laat begint de show?	**What time does the floor show start?**	°°ot taim daz ðə flôô sjoo staat
Is avondkleding verplicht?	**Is evening dress necessary?**	iz iewning dres nessəsəri

En eenmaal binnen...

Een tafel voor 2 personen, a.u.b.	**A table for 2, please.**	ə teebəl fôô 2 pliez
Ik heb een tafel voor 4 personen gereserveerd.	**I've booked a table for 4.**	ai boekt ə teebəl fôô 4
Mijn naam is ...	**My name is ...**	mai neem iz
Ik heb u daarnet gebeld.	**I phoned you earlier.**	ai foond jōē euliə
Wij hebben niet gereserveerd.	**We haven't got a reservation.**	°°ie hæwənt ghot ə rezəweesjən
Mag ik de wijnkaart, a.u.b.?	**I'd like the wine list, please.**	aid laik ðə °°ain list pliez

ONTSPANNING

DRANKEN, zie blz. 58

Wij willen graag een fles ...	**We'd like a bottle of ...**	ºeied laik ə **bottəl** ow
champagne	**champagne**	**sjæm**peen
rode wijn	**red wine**	red ºeain
witte wijn	**white wine**	ºeait ºeain

Discotheek – Dancings

Waar kunnen we gaan dansen?	**Where can we go dancing?**	ºeeə kæn ºeie ghoo **daan**sing
Is hier ergens een goede discotheek?	**Where's there a good discotheque?**	ºeeəz ðeə ə ghoed **dis**kooteek
Moeten we entree betalen?	**Do we have to pay an entry fee?**	dºē ºeie hæw tºē pee ən **en**tri fie
Moet je lid zijn?	**Do you have to be a member?**	dºē jºē hæw tºē bie ə **mem**bə
In ... is een dansavond.	**There's a dance at ...**	ðeəz ə daans æt
Wilt u dansen?	**Would you like to dance?**	ºeoed jºē laik tºē daans

Speelt u misschien...?

Speelt u schaak?	**Do you play chess?**	dºē jºē plee tsjes
Nee, helaas niet.	**I'm afraid I don't.**	aim ə**freed** ai doont
Nee, maar ik wil graag een partijtje dammen.	**No, but I'll play you a game of draughts.**	noo bat ail plee jºē ə gheem ow draafts

koning	**king**	king
koningin	**queen**	kºeien
toren	**castle (rook)**	**kaa**səl (roek)
loper	**bishop**	**bis**jəp
paard	**knight**	nait
pion	**pawn**	pôôn

| Schaak! | **Check!** | tsjek |
| Mat! | **Checkmate!** | **tsjek**meet |

ONTSPANNING

Speelt u kaart?	**Do you play cards?**	dōe jōe plee kaadz
bridge	**bridge**	bridzj
eenentwintigen	**pontoon**	pontōēn
poker	**poker**	pookə

aas	**ace**	ees
heer	**king**	king
vrouw	**queen**	kᵒᵉien
boer	**jack**	dzjæk
joker	**joker**	dzjookə
schoppen	**spades**	speedz
harten	**hearts**	haats
ruiten	**diamonds**	daiəməndz
klaveren	**clubs**	klabz

Casino

In de zestiger jaren werd een wet aangenomen, waardoor vele in het Europese vasteland bekende kansspelen werden toegestaan, die voorheen in Engeland verboden waren. Sindsdien vindt u in Londen en andere grote steden talrijke speelclubs.

Iedereen mag zijn geluk op het „groene laken" beproeven, maar u bent wettelijk verplicht clublid te worden en u moet u minstens 48 uur van te voren schriftelijk aangemeld hebben.

Gokken

Engelsen zijn van oudsher hartstochtelijke gokkers. Zodra er maar iets als een wedstrijd opgevat kan worden, worden er weddenschappen *(betting)* afgesloten. Gokken is onlosmakelijk verbonden met voetballen, paarderennen of bv. de beroemde windhondenrennen.

Het beste kunt u deze Britse traditie leren kennen door samen met een Engelse kennis, die u in de geheimen kan inwijden, een gokje te wagen bij één of ander sportevenement.

Sport

Het merendeel van de sporten is in Groot-Brittannië uit-gevonden. Bovendien is de Engelse hartstocht voor elke vorm van sport spreekwoordelijk. Er zijn dan ook overal uitstekende sportfaciliteiten te vinden.

Voetbal. *Football* (**foet**bôôl) of *soccer* (**so**kkə) trekt ontzet-tend veel publiek. Van september tot maart zijn er talrijke wedstrijden van internationaal niveau. De supporters, met hun felle aanmoedigingskreten en spandoeken, vormen een bijna angstaanjagende massa, waarin weinig meer terug te vinden is van de beroemde Engelse terughoudendheid. De toegangsprijzen zijn meestal zeer laag.

Cricket trekt eveneens veel toeschouwers. Het seizoen loopt van april tot september. Om de vrij eenvoudige spelregels te leren kennen, zou u eens een spel van een hele dag moeten volgen. Sommige spelen kunnen wel 5 dagen duren.

Rugby heeft ook veel enthousiaste supporters. Vooral bij regenachtig weer is het een genot om de spelers als bezete-nen in de modder te zien rondwentelen. Het rugby-centrum is in Twickenham, maar de finales worden in Wembley ge-speeld; het is vrijwel onmogelijk om kaartjes voor dit schouwspel te bemachtigen.

Tennis. Engeland is een paradijs voor tennisspelers; overal vindt u clubs en banen. Als u de tenniskampioenschappen in Wimbledon zou willen meemaken – als toeschouwer uiter-aard – dan moet u wel vroegtijdig een plaats bespreken.

Het gehele jaar worden er paardenrennen evenals windhon-denrennen en polo- en atletiekwedstrijden georganiseerd.

In Engeland kunt u vrijwel iedere tak van sport beoefenen. Bij de plaatselijke verkeersbureaus zal men u graag inlich-ten omtrent de verschillende mogelijkheden.

Schotland, Wales en Noord-Ierland zijn uitstekend geschikt voor liefhebbers van bergbeklimmen en golfspelen, maar ook voor vissers en jagers.

Ik wil graag een ... zien.	I'd like to see a ...	aid laik tōē sie ə
cricket wedstrijd	cricket match	**krik**kit mætsj
rugby match	rugby match	**ragh**bi mætsj
voetbalmatch	football game	**foet**bôôl gheem
Wie speelt er?	Who's playing?	hōēz **plee**ing
Kunt u 2 kaartjes voor mij kopen?	Can you get me 2 tickets?	kæn jōē ghet mie 2 **tik**kits
Hoeveel kosten de plaatsbewijzen?	What's the admission charge?	°°ots ði ədmisjən tsjaadzj
Waar is/zijn de/het ...?	Where's/Where are the ...?	°°eez/°°eeraa ðə
golfterrein	golf course	gholf kôôs
manege	riding club	**rai**ding klab
squashbanen	squash courts	sk°°osj kôôts
tennisbanen	tennis courts	**ten**nis kôôts
Kan ik ... huren?	Can I hire ...?	kæn ai haə
clubs	clubs	kləbz
rackets	rackets	**ræk**kits
Wat kost het per ...?	What's the charge per ...?	°°ots ðə tsjaadzj peu
dag	day	dee
uur	hour	auə
ronde	round	raund
Moet ik van te voren reserveren?	Must I book in advance?	mast ai boek in əd**waans**
Waar kan ik een fiets huren?	Where can I hire a bicycle?	°°ee kæn ai haiə ə **bai**sikəl
Waar is de dichtstbijzijnde renbaan?	Where's the nearest racecourse?	°°eez ðə **niee**rist **rees**kôôs
Kan men in de rivier/het meer zwemmen?	Can one swim in the river/lake?	kæn °°an s°°im in ðə **riw**wə/leek
Is het goed vissen hier?	Is there any good fishing around here?	iz ðeə **en**ni ghoed **fis**jing ə**raund** hieə
Moet ik een vergunning hebben?	Do I need a licence?	dōē ai nied ə **lai**səns
Waar kan ik er een krijgen?	Where can I get one?	°°eə kæn ai ghet °°an

Aan het strand

Kun je hier veilig zwemmen?	**Is it safe to swim?**	iz it seef tōē sºeim
Is er een reddingsbrigade?	**Is there a lifeguard?**	iz ðee ə laifghaad
Is het veilig voor kinderen?	**Is it safe for children?**	iz it seef fôô tsjildrən
De zee is erg kalm/ruw.	**The sea is very calm/rather rough.**	ðə sie iz werri kaam/ raaðə raf
Zijn er gevaar- lijke stromingen?	**Are there any dangerous currents?**	aa ðee enni deendzjərəs karrənts
Hoe laat is het vloed/eb?	**When is high tide/ low tide?**	ºeen iz hai taid/ loo taid
Wat is de tempera- tuur van het water?	**What's the temperature of the water?**	ºeots ðə tempritsjə ow ðə ºeôôtə
Ik wil graag (een) ... huren.	**I'd like to hire ...**	aid laik tōē haiə
duikuitrusting	**some skin-diving equipment**	sam skindaiwing ikºeipmənt
kano	**a canoe**	ə kənōē
ligstoel	**a deck chair**	ə dek tsjeə
luchtbed	**an air mattress**	ən eə mætris
motorboot	**a motorboat**	ə mootəboot
parasol	**a sunshade**	ə sansjeed
roeiboot	**a rowing boat**	ə rooºeing boot
surfplank	**a surfboard**	ə seufbôôd
waterski's	**some water-skis**	sam ºeôôtəskiez
zeilboot	**a sailing boat**	ə seeling boot
Wat kost het per uur?	**What's the charge per hour?**	ºeots ðə tsjaadzj peu auə

Als u gaat zwemmen, kunt u eventueel iemand vragen:

Wilt u even op mijn spullen passen?	**Would you mind looking after my things for a moment?**	ºeoed jōē maind loekking aaftə mai θingz fôô ə moomənt

NO BATHING	VERBODEN TE ZWEMMEN

Kamperen – Op het platteland

Kampeerterreinen (ook voor caravans) liggen over heel Engeland verspreid, voornamelijk buiten de steden en veel in kuststreken. Nadere gegevens vindt u in de gratis folder van de *British Tourist Authority*.

Is er een kampeerterrein in de buurt?	**Is there a camping site near here?**	iz ðeə ə **kæm**ping sait nieə hieə
Mogen we hier kamperen?	**May we camp here?**	mee °eie kæmp hieə
Hebt u plaats voor een tent/caravan?	**Have you room here for a tent/caravan?**	hæw jōē rōēm hieə fôô ə tent/**kæ**rəwæn
Mogen we hier kamperen?	**May we camp here?**	mee °eie kæmp hieə
Mogen we onze caravan hier neerzetten?	**May we park our caravan here?**	mee °eie paak auə **kæ**rəwæn hieə
Is dit een officieel kampeerterrein?	**Is this an official camping site?**	iz ðis ən ə**fi**sjəl **kæm**ping sait
Mogen we vuur maken?	**May we light a fire?**	mee °eie lait ə faiə
Is er drinkwater?	**Is there any drinking water?**	iz ðeə **en**ni **drin**king °e**ôô**tə
Is er een kampwinkel?	**Are there any shops on the site?**	aa ðeə **en**ni sjops on ðə sait
Zijn er ...?	**Are there any ...?**	aa ðeə **en**ni
baden	**baths**	baaθs
douches	**showers**	**sjau**əz
toiletten	**toilets**	**toi**lits
Wat kost het ...?	**What's the charge ...?**	°e**ots** ðə **tsjaadzj**
per dag	**per day**	peu dee
per persoon	**per person**	peu **peu**sən
per auto	**for a car**	fôô ə kaa
per caravan	**for a caravan**	fôô ə **kæ**rəwæn
per tent	**for a tent**	fôô ə tent

KAMPEERUITRUSTING, zie blz. 117

| Is er een jeugdherberg in de buurt? | **Is there a youth hostel near here?** | iz ðeə ə jōēθ hostəl nieə hieə |
| Weet u iemand bij wie we zouden kunnen overnachten? | **Do you know anyone who can put us up for the night?** | dōē jōē noo enni^{oe}an hōē kæn poet as ap fôô ðə nait |

| **NO CAMPING**
VERBODEN TE KAMPEREN | **NO CARAVANS**
GEEN CARAVANS |

Ter oriëntatie

autosnelweg	**motorway**	mootə^{oe}ee
beek	**brook**	broek
berg	**mountain**	mauntin
bergketen	**mountain range**	mauntin reendzj
bergtop	**peak**	piek
boerderij	**farm**	faam
boom	**tree**	trie
bos	**wood**	^{oe}oed
bron	**spring**	spring
brug	**bridge**	bridzj
buitenhuisje	**cottage**	kottidzj
dal	**valley**	wæli
dorp	**village**	willidzj
duinen	**dunes**	djōēnz
gehucht	**hamlet**	hæmlit
heide	**moor**	moeə
herberg	**inn**	in
heuvel	**hill**	hil
huis	**house**	haus
kerk	**church**	tsjeutsj
kruising	**crossroads**	krosroodz
meer	**lake**	leek
moeras	**swamp**	s^{oe}omp
pad	**path**	paaθ
put	**well**	^{oe}el
rivier	**river**	riwwə
rotswand	**cliff**	klif
schoorsteen	**chimney**	tsjimni

schuur	barn	baan
spoorbaan	railway	reel°ᵉee
straat	road	rood
straatweg	highway	hai°ᵉee
telegraafpaal	telegraph pole	tellighraaf pool
veen	moorland	moeələnd
veerboot	ferry	ferri
veld	field	field
veldweg	track	træk
vijver	pond	pond
voetpad	footpath	foetpaaθ
vuurtoren	lighthouse	laithaus
waterval	waterfall	°ᵉôôtəfôôl
wegwijzer	signpost	sainpoost
weide	pasture	paastsjə
zee	sea	sie

Hoe ver is het naar ...?	How far is it to ...?	hau faa iz it tōē
Hoe ver is het naar de volgende stad?	How far is the next town?	hau faa iz ðə nekst taun
Is dit de weg naar ...?	Are we on the road to ...?	aa °ᵉie on ðə rood tōē
Waar gaat deze weg naartoe?	Where does this road lead to?	°ᵉeə daz ðis rood lied tōē
Kunt u mij op de kaart aanwijzen waar we zijn?	Can you show me on the map where we are?	kæn jōē sjoo mie on ðə mæp °ᵉeə °ᵉie aa
Hoe heet deze rivier?	What's the name of this river?	°ᵉots ðə neem ow ðis riwwə
Hoe hoog is die berg?	How high is that mountain?	hau hai iz ðæt mauntin
Is er een toeristisch aantrekkelijke weg naar ...?	Is there a scenic route leading to ...?	iz ðeə ə sienik rōēt lieding tōē

Liften

Behalve langs de autowegen is liften overal toegestaan.

Kunt u mij een lift geven naar ...?	Can you give me a lift to ...?	kæn jōē ghiw mie ə lift tōē

DE WEG VRAGEN, zie blz. 144

Vrienden maken

Kennismaking

Prettig kennis met u te maken.	**How do you do?***	hau dōē jōē dōē
Hoe maakt u het?	**How are you?**	hau aa jōē
Uitstekend, dank u.	**Very well, thank you.**	werri °°el θænk jōē
Goed, dank u. En u?	**Fine, thanks. And you?**	fain θænks. ænd jōē
Mag ik u ... voorstellen?	**May I introduce ...?**	mee ai intrədjōēs
Ik wil u graag een vriend/vriendin van mij voorstellen.	**I'd like you to meet a friend of mine.**	aid laik jōē tōē miet ə frend ow main
Robert, dit is ...	**Robert, this is ...**	robbət ðis iz
Ik heet ...	**My name's ...**	mai neemz
Prettig kennis te maken.	**Glad to know you.**	ghlæd tōē noo jōē

En daarna...

Hoe lang bent u hier al?	**How long have you been here?**	hau long hæw jōē bien hieə
Wij zijn hier al een week.	**We've been here a week.**	°°iew bien hieə ə °°iek
Bent u hier voor het eerst?	**Is this your first visit here?**	iz ðis jôô feust wizzit hieə
Nee, vorig jaar zijn we hier ook al geweest.	**No, we came here last year.**	noo °°ie keem hieə laast jieə
Bevalt het u hier?	**Are you enjoying your stay?**	aa jōē endzjoiing jôô stee
Ja, ... bevalt mij erg goed.	**Yes, I like ... very much.**	jes ai laik... werri matsj
Bent u hier alleen?	**Are you on your own?**	aa jōē on jôô oon

* Dit is het formele antwoord als u aan iemand voorgesteld wordt.

VRIENDEN MAKEN

Ik ben hier met ...	I'm with ...	aim °°ið
mijn man	my husband	mai **hazb**ənd
mijn vrouw	my wife	mai °°aif
mijn gezin	my family	mai **fæmi**li
mijn kinderen	my children	mai **tsji**ildrən
mijn ouders	my parents	mai **pee**rənts
een paar vrienden	some friends	sam frendz
Waar komt u vandaan?	Where do you come from?	°°eeə dōē jōē kam from
Uit welk deel van ... komt u?	What part of ... do you come from?	°°ot paat ow... dōē jōē kam from
Ik kom uit ...	I come from ...	ai kam from
Waar logeert u?	Where are you staying?	°°eeraa jōē **stee**ing
Ik ben student(e).	I'm a student.	aim ə **stjōē**dənt
Wat studeert u?	What are you studying?	°°ot aa jōē **staddi**jing
Wij zijn hier met vakantie.	We're here on holiday.	°°ieə hieə on **holli**di
Hoe lang blijft u hier?	How long are you staying?	hau long aa jōē **stee**ing
Ik ben hier voor zaken.	I'm here on business.	aim hieə on **biz**nis
Ik hoop u gauw weer te zien.	I hope we'll meet again soon.	ai hoop °°iel miet əghen sōēn
Tot straks.	See you later.	sie jōē **lee**tə

Het weer

Wat een schitterende dag!	What a lovely day!	°°ot ə **lawl**i dee
Wat een afschuwelijk weer!	What awful weather!	°°ot ôôfəl °°eðə
Wat is het koud vandaag!	Isn't it cold today!	izzənt it koold tədee
Denkt u dat het morgen ...?	Do you think it'll ... tomorrow?	dōē jōē θink itl... təmorroo
regent/sneeuwt opklaart/zonnig is	rain/snow clear up/be sunny	reen/snoo klieə ap/bie **sanni**

STEDEN en LANDEN, zie blz. 174

Uitnodigingen

Mijn vrouw/Mijn man en ik willen u graag ten eten uitnodigen op ...	My wife/My husband and I would like you to join us for dinner on ...	mai ᵒᵉaif/mai **haz**bənd ænd ai ᵒᵉoed laik jōē tōē dzjoin as fôô **dinn**ə on
Komt u morgenavond eten?	Can you come to dinner tomorrow night?	kæn jōē kam tōē **dinn**ə təmorroo nait
Komt u vanavond wat drinken?	Can you come over for a drink this evening?	kæn jōē kam oowə fôô ə drink ðis **iew**ning
Er is een feestje. Komt u ook?	There's a party. Are you coming?	ðeəz ə **paa**ti. aa jōē **kamm**ing
Dat is erg vriendelijk van u.	That's very kind of you.	ðæts **werr**i kaind ow jōē
Leuk. Ik kom graag.	Great. I'd love to come.	ghreet. aid law tōē kam
Hoe laat zullen we komen?	What time shall we come?	ᵒᵉot taim sjæl ᵒᵉie kam
Mag ik een vriend(in) meebrengen?	May I bring a friend?	mee ai bring ə frend
Jammer genoeg moeten we nu weg.	I'm afraid we have to go now.	aim ə**freed** ᵒᵉie hæw tōē ghoo nau
De volgende keer moet u bij ons komen.	Next time you must come to visit us.	nekst taim jōē mast kam tōē **wizz**it as
Hartelijk bedankt voor de gezellige avond.	Thanks for the evening.	θænks fôô ði **iew**ning

VRIENDEN MAKEN

Afspraakjes

Wilt u een sigaret?	Would you like a cigarette?	ᵒᵉoed jōē laik ə sigh**ə**ret
Hebt u een vuurtje voor me?	Excuse me, could you give me a light?	ek**skjōēz** mie koed jōē ghiw mie ə lait

DAGEN VAN DE WEEK, zie blz. 181

Wilt u iets drinken?	May I get you a drink?	mee ai ghet jōē ə drink
Laat u mij a.u.b. met rust.	Leave me alone, please.	liew mie əloon pliez
•Bent u vanavond vrij?	Are you free this evening?	aa jōē frie ðis iewning
Het spijt me, ik heb al een afspraak voor vanavond.	I'm sorry, I've already got an engagement tonight.	aim sorri aiw ôôlreddi ghot ən engheedzjmənt tənait
Zullen we morgenavond samen uitgaan?	Would you like to go out with me tomorrow night?	ᵒᵉoed jōē laik tōē ghoo aut ᵒᵉið mie təmorroo nait
Zullen we gaan dansen?	Would you like to go dancing?	ᵒᵉoed jōē laik tōē ghoo daansing
Heel graag, dank u.	I'd love to, thank you.	aid law tōē θænk jōē
Ik weet een goede discotheek.	I know a good discotheque.	ai noo ə ghoed diskooteek
Zullen we naar de bioscoop/pub gaan?	Shall we go to the cinema/to a pub?	sjæl ᵒᵉie ghoo tōē ðə sinnəma/tōē ə pab
Zullen we een eindje gaan rijden?	Would you like to go for a drive?	ᵒᵉoed jōē laik tōē ghoo fôô ə draiw
Waar zullen we afspreken?	Where shall we meet?	ᵒᵉeə sjæl ᵒᵉie miet
Ik haal u in uw hotel af.	I'll pick you up at your hotel.	ail pik jōē ap æt jôô hootel
Ik haal u om 8 uur af.	I'll call for you at 8.	ail kôôl fôô jōē æt 8
Mag ik u naar huis brengen?	May I take you home?	mee ai teek jōē hoom
Kan ik u morgen weer ontmoeten?	Can I see you again tomorrow?	kæn ai sie jōē əghen təmorroo
Dank u, het was een gezellige avond.	Thank you. It's been a very nice evening.	θænk jōē. its bien ə werri nais iewning
Wat is uw telefoonnummer?	What's your phone number?	ᵒᵉots jôô foon nambə
Hoe laat gaat uw laatste bus/trein?	What time is your last bus/train?	ᵒᵉot taim iz jôô laast bas/treen

Winkelen

Met deze winkelgids kunt u gemakkelijk en snel de juiste omschrijving vinden van wat u zoekt. Het bevat:

1. een lijst van de belangrijkste winkels en diensten (blz. 98)

2. enkele algemene uitdrukkingen waarmee u precies kunt zeggen wat u wenst (blz. 100)

3. nadere informatie over de winkels en diensten waar u waarschijnlijk mee te maken krijgt. Onder de hierna genoemde en vervolgens verder uitgewerkte titels vindt u enkele goede raadgevingen alsmede alfabetische lijsten van ter plaatse verkrijgbare artikelen.

WINKELEN

Winkels – Diensten

De winkels zijn gewoonlijk open van 9 tot 17.30 of 18 uur
en eenmaal per week – op woensdag of op donderdag – tot
19.30 uur. Eén dag in de week (welke hangt af van de
streek) sluiten de winkels al om 13 uur.

Waar is de dichtstbijzijnde ...?	Where's the nearest ...?	ᵒᵉeəz ðə nieərist
antiekwinkel	antique shop	æntiek sjop
apotheek	chemist's*	kemmists
bakkerij	baker's	beekəz
bloemenwinkel	florist's	florrists
boekhandel	bookshop	boeksjop
bonthandel	furrier's	fərriəz
damesmodezaak	ladies' fashion shop	leediz fæsjən sjop
delicatessenwinkel	delicatessen	delikətessən
drogisterij	chemist's	kemmists
elektriciteitswinkel	electrician's	ilektrisjənz
fotohandel	photographer's	fətoghrəfəz
fourniturenhandel	haberdasher's	hæbədæsjəz
goudsmid	goldsmith's	ghooldsmiθz
groenteman	greengrocer's	ghrienghroosəz
herenconfectie	gentlemen's outfitter's	dzjentəlmənz autfittəz
horlogemaker	watchmaker's	ᵒᵒotsjmeekəz
ijzerwinkel	hardware store	haadᵒᵉeə stôô
juwelier	jeweller's	dzjoeələz
kantoorboekhandel	stationer's	steesjənəz
kapper	hairdresser's	heədressəz
kleermaker	tailor's	teeləz
krantenkiosk	newsstand	njōēzstænd
kruidenier	grocer's	ghroosəz
markt	market	maakit
melkwinkel	dairy	deəri
modezaak	fashion shop	fæsjən sjop
muziekwinkel	music shop	mjōēzik sjop
naaister	dressmaker's	dresmeekəz
opticiën	optician's	optisjənz
parfumerie	perfumery	pəfjōēməri

---

* **Chemist's** is eigenlijk een afkorting voor **chemist's shop**, **baker's** voor **baker's shop** enz. De verkorte vorm met 's is in de spreektaal inmiddels zo ingeburgerd, dat deze ook in de schrijftaal overgenomen is.

reformwinkel	**health food shop**	helθ fōēd sjop
schoenmakerij	**cobbler's**	kobləz
schoenwinkel	**shoe shop**	sjōē sjop
schoonheidssalon	**beauty salon**	bjōēti sælon
sigarenwinkel	**tobacconist's**	təbækənists
slagerij	**butcher's**	boetsjəz
slijterij	**off-licence**	oflaisəns
snoepwinkel	**sweet shop**	s°ᵉietsjop
souvenirwinkel	**souvenir shop**	sōēwəniə sjop
speelgoedwinkel	**toy shop**	toisjop
sportzaak	**sporting goods shop**	spôôting ghoedz sjop
stoffenzaak	**draper's**	dreepəz
stomerij	**dry cleaner's**	drai klienəz
supermarkt	**supermarket**	siōēpəmaakit
vishandel	**fishmonger's**	fisjmanghəz
vlooienmarkt	**flea market**	fliemaakit
warenhuis	**department store**	dipaatmənt stôô
wasserij	**laundry**	lôôndri
wijnhandel	**wine merchant's**	°ᵉain meutsjənts
zelfbedieningswinkel	**self service**	self seuwis

... en nog een paar nuttige adressen:

bank	**bank**	bænk
benzinestation	**filling station**	filling steesjən
bibliotheek	**library**	laibrəri
bureau voor gevonden voorwerpen	**lost property office**	lost proppəti offis
dokter	**doctor**	doktə
politiebureau	**police station**	pəlies steesjən
postkantoor	**post office**	poost offis
reisbureau	**travel agency**	træwəl eedzjənsi
tandarts	**dentist**	dentist
verkeersbureau	**tourist office**	tōērist offis
wisselkantoor	**currency exchange office**	karrənsi ekstsjeendzj offis

| | SALE | CLEARANCE |
| | UITVERKOOP | OPRUIMING |

Algemene uitdrukkingen

Waar?

Waar is een goede ...?	Where's there a good ...?	ᵒᵒeəz ðeə ə ghoed
Waar vind ik ...?	Where can I find ...?	ᵒᵒeə kæn ai faind
Waar kan ik ... kopen?	Where can I buy ...?	ᵒᵒeə kæn ai bai
Kunt u een goed-kope ... aanbevelen?	Can you recommend a cheap ...?	kæn jōē rekəmend ə tsjiep
Waar is de belang-rijkste winkelbuurt?	Where's the main shopping area?	ᵒᵒeəz ðə meen sjopping eəriə
Is dat hier ver vandaan?	Is it far from here?	iz it faa from hieə
Hoe kom ik daar?	How do I get there?	hau dōē ai ghet ðeə
Waar is de klanten-service?	Where is the courtesy desk?	ᵒᵒeəriz ðə keutəsi desk

Bediening

Kunt u mij helpen?	Can you help me?	kæn jōē help mie
Ik kijk alleen maar wat rond.	I'm just looking round.	aim dzjast loekking raund
Ik wil graag ...	I want ...	ai ᵒᵒont
Kunt u mij (enkele) ... laten zien?	Can you show me (some) ...?	kæn jōē sjoo mie (sam)
Hebt u ...?	Do you have any ...?	dōē jōē hæw enni

Die daar, a.u.b.

Mag ik ... zien?	Can you show me ...?	kæn jōē sjoo mie
dat/die	that one/those	ðæt ᵒᵒan/ðooz
die uit de etalage	the one in the window	ðə ᵒᵒan in ðə ᵒᵒindoo
Het ligt daar.	It's over there.	its oowə ðeə

WINKELEN

Omschrijving van het artikel

| Ik wil graag een ... | **I'd like a/an ...** | aid laik ə/ən |
| Ik wil graag iets ... | **I'd like some-thing ...** | aid laik **sam**θing |

donkers	**dark**	daak
effens	**plain**	pleen
goedkoops	**cheap**	tsjiep
goeds	**good**	ghoed
groots	**big**	bigh
kleins	**small**	smôôl
lichts (gewicht)	**light-weight**	lait-°eeet
lichts (kleur)	**light-coloured**	lait-kalləd
moderns	**modern**	moddən
ovaals	**oval**	oowəl
ronds	**round**	raund
rustieks	**rustic**	rastik
vierkants	**square**	sk°eeə
zachts	**soft**	soft

| Het mag niet te duur zijn. | **I don't want anything too expensive.** | ai doont °eeont enniθing tōē ekspensiw |

WINKELEN

Ik heb liever...

Hebt u niet iets ...?	**Haven't you anything ...?**	hæwənt jōē enniθing
beters/goedkoper	**better/cheaper**	bettə/tsjiepə
groters/kleiners	**larger/smaller**	laadzjə/smôôlə
Mag ik nog een paar andere zien?	**Can you show me some more?**	kæn jōē sjoo mie sam môô

Hoeveel?

Hoeveel kost dit?	**How much is this?**	hau matsj iz ðis
Wilt u het even op een papiertje schrijven?	**Please write it down.**	pliez rait it daun
Ik wil niet meer dan ... uitgeven.	**I don't want to spend more than ...**	ai doont °eeont tōē spend môô ðæn

KLEUREN, zie blz. 122

Beslissen

Dit neem ik.	**I'll take it.**	ail teek it
Het is niet precies wat ik zoek.	**It's not quite what I want.**	its not kᵒᵉait ᵒᵉot ai ᵒᵉont

Bestellen

Kunt u het voor mij bestellen?	**Can you order it for me?**	kæn jōē ôôdə it fôô mie
Hoe lang duurt het?	**How long will it take?**	hau long ᵒᵉil it teek
Ik wil het graag zo spoedig mogelijk.	**I'd like it as soon as possible.**	aid laik it æz sōēn æz possibəl

Bezorgen

Wilt u het in hotel ... laten bezorgen?	**Please deliver it to the ... Hotel.**	pliez diliwwə it tōē ðə... hootel
Wilt u het naar dit adres sturen?	**Please send it to this address.**	pliez send it tōē ðis ədres
Krijg ik geen moeilijkheden bij de douane?	**Will I have any difficulties with the customs?**	ᵒᵉil ai hæw enni diffikəltiz ᵒᵉið ðə kastəmz

Betalen

Wat kost het?	**How much is it?**	hau matsj iz it
Neemt u credit cards/reischeques aan?	**Do you accept credit cards/ traveller's cheques?**	dōē jōē əksept kreddit kaadz/ træwələz tsjeks
Neemt u vreemde valuta aan?	**Do you accept foreign money?**	dōē jōē əksept forrin manni
Kan ik een kwitantie krijgen?	**Can I please have a receipt?**	kæn ai pliez hæw ə risiet
Kan de BTW afgetrokken worden?	**Can I have the VAT deducted?**	kæn ai hæw ðə wie ee tie didaktid

WINKELEN

GETALLEN, zie blz. 175

Anders nog iets?

Nederlands	English	Pronunciation
Nee, dank u, dit is alles.	**No thanks, that's all.**	noo θænks ðæts ôôl
Ja, wilt u mij ... laten zien.	**Yes, please show me ...**	jes pliez sjoo mie
Dank u. Tot ziens.	**Thank you. Good-bye.**	θænk jōē. ghoedbai

---

Can I help you?	Kan ik u helpen?
What would you like?	Wat wenst u?
What ... would you like?	Welke ... wilt u?
colour/shape quality/quantity	kleur/vorm kwaliteit/hoeveelheid
I'm sorry, we haven't any.	Het spijt me, dat hebben we niet.
We're out of stock.	Dat hebben we niet in voorraad.
Shall we order it for you?	Zullen we het voor u bestellen?
That's ... pounds, please.	Dat is ... pond, alstublieft.
The cashier's over there.	De kassa is daar.
We don't accept credit cards/traveller's cheques/foreign money.	We nemen geen reischeques/credit cards/vreemde valuta aan.

WINKELEN

Niet tevreden?

Nederlands	English	Pronunciation
Kan ik dit ruilen?	**Can you please exchange this?**	kæn jōē pliez ekstsjeendzj ðis
Ik wil dit terugbrengen.	**I want to return this.**	ai ºeont tōē riteun ðis
Ik wil graag mijn geld terug. Hier is de kassabon.	**I'd like a refund. Here's the receipt.**	aid laik ə riefand. hieəz ðə risiet

Apotheek – Drogist – Parfumerie

Op de uithangborden van de Engelse apotheken staat vaak *pharmacy* (**faa**məsi), toch worden ze meestal *chemist's* (**ke**mmists) genoemd. Een *chemist's* is zowel apotheek als drogisterij en parfumerie. Hier kunt u dus terecht voor al of niet door een arts voorgeschreven medicijnen, maar ook voor toiletartikelen en cosmetica.

Net als bij ons zijn er ook altijd één of meerdere apotheken met nachtdienst (*all-night chemist's* – **ôôl**nait **ke**mmists). Een lijst van dienstdoende *(duty)* apotheken hangt aan de deur van elke apotheek.

Voor een beter overzicht is dit hoofdstuk in twee delen gesplitst:

1. Medicijnen, verbandmiddelen enz.
2. Cosmetica en toiletartikelen.

Algemeen

Waar is de dichtst- bijzijnde apotheek (die nachtdienst heeft)?	**Where's the nearest (all-night) chemist's?**	ᵒᵉeəz ðə **nie**erist (ôôlnait) **ke**mmists
Hoe laat gaat de apotheek open/ dicht?	**What time does the chemist's open/close?**	ᵒᵉot taim daz ðə **ke**mmists oopən/ klooz

1. Medicijnen – Verbandmiddelen

Ik wil graag iets tegen ...	**I want something for ...**	ai ᵒᵉont **sam**θing fôô
hoest	**a cough**	ə kof
hooikoorts	**hay fever**	hee **fie**wə
insektenbeten	**insect bites**	insekt baits
kater	**a hangover**	ə **hæn**goowə
reisziekte	**travel-sickness**	**træ**wəl **sik**nis
spijsverterings- stoornissen	**an upset stomach**	ən apset **stam**mək
verkoudheid	**a cold**	ə koold
zonnebrand	**sunburn**	**san**beun

DOKTER, zie blz. 162

Kan ik het zonder recept krijgen?	**Can I get it without a prescription?**	kæn ai ghet it °eiðaut ə priskripsjən
Ik wil graag een/wat ...	**I'd like ...**	aid laik
gaascompressen	**some gauze bandage**	sam ghôôz bændidzj
hoestdruppels	**some cough drops**	sam kof drops
hoofdpijntabletten	**some headache tablets**	sam hedeek tæblits
insektendodend middel	**some insecticide**	sam insektisaid
jodium	**some iodine**	sam aiədien
kalmeringsmiddel	**some tranquillisers**	sam trænk°eilaizəz
keelpastilles	**some throat lozenges**	sam θroot lozzindzjiz
koortstermometer	**a thermometer**	ə θəmommitə
koortswerend middel	**some febrifuge**	sam febrifjōēdzj
laxeermiddel	**some laxative**	sam læksətiw
likdoornpleisters	**some corn pads**	sam kôôn pædz
maagtabletten	**some stomach pills**	sam stammək pilz
maandverband	**some sanitary towels**	sam sænitəri tauəlz
neusdruppels	**some nose drops**	sam nooz drops
ontsmettingsmiddel	**a disinfectant**	ə disinfektənt
oogdruppels	**some eyedrops**	sam aidrops
oordruppels	**some eardrops**	sam ieədrops
pijnstillend middel	**an analgesic**	ən ænældzjiesik
pleisters	**some adhesive plasters**	sam ədhiesiw plaastəz
slaaptabletten	**some sleeping pills**	sam slieping pilz
tampons	**some tampons**	sam tæmpənz
verband	**a bandage**	ə bændidzj
verbandgaas	**some gauze**	sam ghôôz
verbandtrommel	**a first-aid kit**	ə feust-eed kit
vitaminetabletten	**some vitamin pills**	sam wittəmin pilz
voorbehoedmiddelen	**some contraceptives**	sam kontrəseptiwz
watten	**some cotton wool**	sam kotten °eōēl
wondzalf	**some antiseptic ointment**	sam æntiseptik ointmənt

| **POISON** | **DO NOT SWALLOW** |
| VERGIFT | NIET INNEMEN |

Cosmetica – Toiletartikelen

Ik wil graag ...	I'd like ...	aid laik
acnezalf	some acne cream	sam ækni kriem
adstringerende lotion	an astringent	ən əstrindzjənt
aftershave	some aftershave lotion	sam aaftəsjeew loosjən
badzout	some bath salts	sam baaθ sôôlts
bodymilk	some body lotion	sam boddi loosjən
creme	some cream	sam kriem
voor vette/droge/ normale huid	for greasy/dry/ normal skin	fôô ghriesi/drai/ nôôməl skin
basiscreme	foundation cream	faundeesjən kriem
dagcreme	day cream	dee kriem
handcreme	hand cream	hænd kriem
nachtcreme	night cream	nait kriem
reinigingscreme	cleansing cream	klenzing kriem
vochtinbrengende creme	moisturising cream	moistsjəraizing kriem
voetcreme	foot cream	foet kriem
deodorant	some deodorant	sam dieoodərənt
eau de toilette	some toilet water	sam toilit ºôôtə
eyeliner	an eyeliner	ən ailainə
gezichtsmasker	a face pack	ə fees pæk
gezichtsreinigings- melk	some face cleansing milk	sam fees klenzing milk
lippenstift	a lipstick	ə lipstik
make-up tasje	a make-up kit	ə meekap kit
make-up watten	some make-up remover pads	sam meekap rimōēwə pædz
nagelborstel	a nailbrush	ə neelbrasj
nagellak	some nail polish	sam neel pollisj
nagellak remover	some nail polish remover	sam neel pollisj rimōēwə
nagelriem remover	some cuticle remover	sam kjōētikəl rimōēwə
nagelschaar	some nail scissors	sam neel sizzəz
nagelvijl	a nailfile	ə neelfail
ontharingscreme	some depilatory cream	sam dipillətəri kriem
oogschaduw	some eye shadow	sam ai sjædoo
papieren zakdoekjes	some paper handkerchiefs	sam peepə hængkətsjiewz
pincet	some tweezers	sam tºoiezəz
poeder	some powder	sam paudə

reisnecessaire	a travelling toilet kit	ə træwəling toilit kit
rouge	some rouge	sam rōezj
scheerapparaat	a razor	ə reezə
scheercreme	some shaving cream	sam sjeewing kriem
scheerkwast	a shaving brush	ə sjeewing brasj
scheermesjes	some razor blades	sam reezə bleedz
scheerzeep	some shaving soap	sam sjeewing soop
talkpoeder	some talcum powder	sam tælkəm paudə
tandenborstel	a toothbrush	ə tōēθbrasj
tandpasta	some toothpaste	sam tōēθpeest
toiletpapier	some toilet paper	sam toilit peepə
toilettas	a toilet bag	ə toilit bægh
wenkbrauwstift	an eyebrow pencil	ən aibrau pensil
zeep	some soap	sam soop
zonnebrandcreme	some suntan cream	sam santæn kriem

Voor uw haar

haarborstel	a hairbrush	ə heəbrasj
haarclips	some bobby-pins	sam bobbipinz
haarspeldjes	some hairpins	sam heəpinz
haarversteviger	some hair-setting lotion	sam heəsetting loosjən
kam	a comb	ə koom
kleurshampoo	some hair-dye shampoo	sam heədai sjæmpōē
krulspelden	some curlers	sam keuləz
shampoo	a shampoo	ə sjæmpōē
voor vet/	for greasy/	fôô ghriesi/
droog haar	dry hair	drai heə
tegen roos	against dandruff	əghenst dændraf

Voor de baby

babypoeder	some baby powder	sam beebi paudə
babyvoeding	some baby food	sam beebi fōēd
babyzalf	some baby cream	sam beebi kriem
fopspeen	a dummy	ə dammi
luiers	some nappies	sam næpiz
plastic broekje	some plastic pants	sam plæstik pænts
slabbetje	a bib	ə bib
speen	a rubber teat	ə rabbə tiet
zuigfles	a feeding-bottle	ə fiedingbottəl

Boeken – Schrijfbehoeften – Kranten

Waar is de dichtstbijzijnde ...?	Where's the nearest ...?	°°eəz ðə nieərist
boekhandel	bookshop	boeksjop
kantoorboekhandel	stationer's	steesjənəz
krantenkiosk	newsstand	njōēzstænd

Waar kan ik een Nederlandse/Belgische krant kopen?	Where can I buy a Dutch/Belgian newspaper?	°°eə kæn ai bai ə datsj/beldzjən njōēzpeepə

Ik wil graag een/wat ...	I'd like ...	aid laik
adresboek	an address book	ən ədres boek
ansichtkaart	a picture-postcard	ə piktsjə-poostkaad
ballpoint	a ballpoint pen	ə bôôlpoint pen
blocnote	a note pad	ə noot pæd
boek	a book	ə boek
briefkaarten	some postcards	sam poostkaadz
calqueer papier	some tracing paper	sam treesing peepə
carbonpapier	some carbon paper	sam kaabən peepə
dagboek	a diary	ə daiəri
elastiekjes	some rubber bands	sam rabbə bændz
enveloppen	some envelopes	sam enwəloops
etiketten	some labels	sam leebəlz
gum	a rubber	ə rabbə
inkt	some ink	sam ink
kaartsysteem	a card file	ə kaad faiəl
kalender	a calendar	ə kælində
kleurkrijt	some coloured chalks	sam kalləd tsjôôks
kleurpotloden	some coloured pencils	sam kalləd pensilz
krant	a newspaper	ə njōēzpeepə
krijt	some chalk	sam tsjôôk
lijm	some glue	sam ghlōē
liniaal	a ruler	ə rōēlə
pakpapier	some wrapping paper	sam ræping peepə
paperclips	some paperclips	sam peepəklips
papieren servetten	some paper serviettes	sam peepə seuwiets
plakband	some adhesive tape	sam ədhiesiw teep
plattegrond	a street plan	ə striet plæn
pocketboek	a paperback	ə peepəbæk
postzegels	some stamps	sam stæmps

WINKELEN

potlood	a pencil	ə pensil
postpapier	a writing pad	ə raiting pæd
punaises	some drawing pins	sam drôôing pinz
puntesliiper	a pencil sharpener	ə pensil sjaapenə
schrift	an exercise book	ən eksəsaiz boek
schrijfmachinelint	a typewriter ribbon	ə taipraitə ribbən
schrijfmachinepapier	some typing paper	sam taiping peepə
speelkaarten	some playing cards	sam pleeing kaadz
tekenpapier	some drawing paper	sam drôôing peepə
tijdschrift	a magazine	ə mæghəzien
touw	some string	sam string
uiltpen	a felt pen	ə felt pen
verfdoos	a box of paints	ə boks ow peents
viltstift	a felt pen	ə felt pen
vloeipapier	some blotting paper	sam blotting peepə
vulling (voor een ballpoint)	a refill (for a ballpoint pen)	ə riefil (fôô ə bôôlpoint pen)
vulpen	a fountain-pen	ə fauntinpen
wegenkaart	a road map	ə rood mæp
woordenboek Nederlands-Engels	a dictionary Dutch-English	ə diksjənəri datsj-inghlisj
zakrekenmachientje	an electronic calculator	ən ilektronnik kælkjoe-leetə
zakwoordenboek	a pocket dictionary	ə pokkit diksjənəri
Waar staan de reisgidsen?	Where's the travel-guide section?	°°eəriz ðə træwal-ghaid seksjən
Waar staan de buitenlandse boeken?	Where's the foreign-language section?	°°eəz ðə forrin-længh°°idzj seksjən
Ik wil graag een Engelse roman (die gemakkelijk leest).	I'd like an English novel (that is easy to read).	aid laik ən inghlisj nowwəl (ðæt iz iezi tôê ried)

Elektrische apparaten – Grammofoonplaten

De stroomspanning in Engeland is meestal 240 volt wis-
selstroom. Voor elektrische apparaten met continentale
stekkers is het gebruik van een verloopstekker (*adaptor –
ədæptə*) noodzakelijk omdat de Britse stopcontacten aanzienlijk verschillen van de continentale. Meestal kan de
hotelreceptie u hieraan helpen.

WINKELEN

Wat is het voltage?	What's the voltage?	ᵒᵉots ðə **woo**tidzj
Ik wil hiervoor graag een verloopstekker.	I'd like an adaptor for this.	aid laik ən ədæptə fôô ðis
Hebt u hiervoor een batterij?	Do you have a battery for this?	dôë jôë hæw ə bætəri fôô ðis
Dit is kapot. Kunt u het repareren?	This is broken. Can you repair it?	ðis iz brooken. kæn jôë ripeə it
Wanneer is het klaar?	When will it be ready?	ᵒᵉen ᵒᵉil it bie reddi
Ik wil graag een ...	I'd like ...	aid laik
bandrecorder	a tape recorder	ə teep rikôôdə
batterij	a battery	ə bætəri
broodrooster	a toaster	ə toostə
cassetterecorder	a cassette player	ə kəset pleeə
föhn	a hair dryer	ə heə draiə
gloeilamp	a light bulb	ə lait balb
lamp	a lamp	ə læmp
luidspreker	a loudspeaker	ə laudspiekə
platenspeler	a record-player	ə rekkôôdpleeə
radio	a radio	ə reedijoo
autoradio	a car radio	ə kaa reedijoo
transistor	a transistor	ə trænzistə
scheerapparaat	a razor	ə reezə
stekker	a plug	ə plagh
dubbelstekker	a two-way adaptor	ə tôë-ᵒᵉee ədæptə
verloopstekker	an adaptor	ən ədæptə
strijkijzer	an iron	ən aiən
reisstrijkijzer	a travelling iron	ə træwəling aiən
televisie	a television set	ə teliwizjən set
draagbare televisie	a portable television set	ə pôôtəbəl teliwizjən set

verlengsnoer	**an extension cord**	ən ekstensjən kôôd
video-recorder	**a video-recorder**	ə widijoo rikôôdə
video-cassette	**a video cassette**	ə widijoo kəset
waterketel	**a kettle**	ə kettəl
wekker	**an alarm clock**	ən əlaam klok

Platenwinkel

Ik wil graag een ...	**I'd like ...**	aid laik
cassette	**a cassette**	ə kəset
grammofoonplaat	**a record**	ə rekkôôd
koptelefoon	**a pair of head-phones**	ə peə ow hedfoonz
nieuwe naald	**a new stylus**	ə njōē stailəs
Hebt u platen van ...?	**Do you have any records by ...?**	dōē jōē hæw enni rekkôôdz bai
Mag ik deze plaat horen?	**May I listen to this record?**	mee ai lissən tōē ðis rekkôôd

langspeelplaat (33-toeren)	**L.P.**	el-pie
45-toeren	**E.P.**	ie-pie
mono/stereo	**mono/stereo**	monnoo/sterijoo

Ik houd van ...	**I like ...**	ai laik
amusementsmuziek	**light music**	lait mjōēzik
instrumentale muziek	**instrumental music**	instroementəl mjōēzik
jazz	**jazz**	dzjæz
kamermuziek	**chamber music**	tsjeembə mjōēzik
kerkmuziek	**sacred music**	seekrəd mjōēzik
klassieke muziek	**classical music**	klæsikəl mjōēzik
orkestmuziek	**orchestral music**	ôôkestrəl mjōēzik
popmuziek	**pop music**	pop mjōēzik
volksmuziek	**folk music**	fook mjōēzik
Hebt u Engelse/Ierse/Schotse/Welshe volksmuziek?	**Have you any English/Irish/Scottish/Welsh folk music?**	hæw jōē enni inghlisj/airisj/skottisj/°°elsj fook mjōēzik

WINKELEN

WINKELEN

Fotowinkel

Ik wil graag een camera/filmcamera.	I want a camera/cine camera.	ai °eont ə kæmərə/sinnə kæmərə
Wilt u mij die uit de etalage laten zien, a.u.b.?	Please show me the one in the window.	pliez sjoo mie ðə °ean in ðə °eindoo
Mag ik een prospectus hebben?	May I have a prospectus?	mee ai hæw ə prəspektəs
Ik wil graag pasfoto's laten maken.	I'd like to have some passport photos taken.	aid laik tōe hæw sam paaspôôt footooz teekən

Film

Ik wil graag een film voor dit toestel.	I'd like a film for this camera.	aid laik ə film fôô ðis kæmərə
cassette	a cassette	ə kəset
diafilm	a film for slides	ə film fôô slaidz
filmcassette	a cartridge	ə kaatridzj
kleurenfilm	a colour film	ə kallə film
rolfilm	a roll film	ə rool film
zwart-witfilm	a black-and-white film	ə blæk-ænd-°eait film
135 (24 × 36)	one-three-five	°ean θrie-faiw
35 mm	thirty-five milli-metre	θeutifaiw millimietə
8 mm	single 8	singhəl eet
super-8	super 8	siōēpə eet
20/36 opnamen	20/36 exposures	t°eenti/θeutisiks ekspoozjəz
dit ASA/DIN getal	this ASA/DIN number	ðis ee-es-ee/din nambə
fijnkorrelig	fine-grain	fainghreen
hooggevoelig	high-speed	haispied
daglichtfilm	daylight-type	deelaittaip
kunstlichtfilm	artificial light-type	aatifisjəl laittaip
Is de prijs inclu-sief het ontwikkelen?	Does the price include processing?	daz ðə prais inklōēd proosessing

GETALLEN, zie blz. 175

Ontwikkelen

Hoeveel kost het ontwikkelen?	**How much do you charge for developing?**	hau matsj dōē jōē tsjaadzj fôô diwelleping
Ik wil graag ... afdrukken van elk negatief.	**I want ... prints of each negative.**	ai ᵒᵉont... prints ow ietsj neghetiw
glanzend/mat	**with a glossy/ mat finish**	ᵒᵉið ə ghlossi/ mæt finnisj
met/zonder rand	**with/without edges**	ᵒᵉið/ᵒᵉiðaut edzjiz
Wilt u deze a.u.b vergroten?	**Will you please enlarge this?**	ᵒᵉil jōē pliez enlaadzj ðis

Accessoires

belichtingsmeter	**a lightmeter**	ə laitmietə
draadontspanner	**a cable release**	ə keebəl riliez
filter	**a filter**	ə filtə
rood/geel	** red/yellow**	red/jelloo
ultraviolet	** ultraviolet**	altrəwaiəlit
flitsblokjes	**some flash cubes**	sam flæsj kjōēbz
flitslampjes	**some flash bulbs**	sam flæsj balbz
lens	**a lens**	ə lenz
lensdop	**a lens cap**	ə lenz kæp
telelens	**a telephoto lens**	ə tellifootoo lenz

Reparatie

Dit toestel doet het niet. Kunt u het repareren?	**This camera doesn't work. Can you repair it?**	ðis kæmərə dazzənt ᵒᵉeuk. kæn jōē ripeə it
De film zit vast.	**The film is jammed.**	ðə film iz dzjæmd
Er is iets mis met de ...	**There's something wrong with the ...**	ðeəz samθing rong ᵒᵉið ðə
afstandsmeter	**rangefinder**	reendzjfaində
belichtingsmeter	**lightmeter**	laitmietə
opnameteller	**exposure counter**	ekspoozjə kauntə
sluiter	**shutter**	sjattə
transportknop	**film winder**	film ᵒᵉaində

Juwelier – Horlogemaker

Engels zilver veroudert niet wat stijl betreft. De prijzen zijn redelijk en vergeet u niet dat het metaal er zuiverder is dan op het Europese vasteland.

Kunt u dit horloge repareren?	Can you repair this watch?	kæn jōē ripeə ðis °°otsj
De/Het ... is kapot.	The ... is broken.	ðə... iz brookən
bandje	strap	stræp
glas	glass	ghlaas
opwindknopje	winder	°°aində
veer	spring	spring
Het loopt voor/achter.	It's too fast/slow.	its tōē faast/sloo
De batterij is leeg.	The battery is flat.	ðə bætəri iz flæt
Ik wil dit horloge laten schoonmaken.	I want this watch cleaned.	ai °°ont ðis °°otsj kliend
Wanneer is het klaar?	When will it be ready?	°°en °°il it bie reddi
Mag ik dat even zien?	Could I see that, please?	koed ai sie ðæt pliez
Ik kijk alleen maar rond.	I'm just looking round.	aim dzjast loekking raund
Ik zoek een cadeautje voor ...	I'd like a small present for ...	aid laik ə smôôl prezzənt fôð
Het mag niet al te duur zijn.	I don't want anything too expensive.	ai doont °°ont enniθing tōē ekspensiw
Ik wil graag iets ...	I'd like something ...	aid laik samθing
beters	better	bettə
eenvoudigers	simpler	simplə
goedkopers	cheaper	tsjiepə
Is dit echt zilver?	Is this sterling silver?	iz ðis steuling silwə
Uit welke periode stamt dit zilver?	What period is this silver?	°°ot pieriəd iz ðis silwə
Hebt u iets in goud?	Do you have anything in gold?	dōē jōē hæw enniθing in ghoold
Hoeveel karaats is dit?	How many carats is this?	hau menni kærəts iz ðis

Hieronder vindt u een keuze uit de artikelen en materialen
die bij een juwelier verkrijgbaar zijn.

aansteker	a cigarette lighter	ə sighəret laitə
armband	a bracelet	ə breeslit
bedelarmband	a charm bracelet	ə tsjaam breeslit
horlogeband	a watch strap	ə ᵒᵉotsj stræp
leren band	a leather strap	ə leðə stræp
schakelarmband	a chain bracelet	ə tsjeen breeslit
bedeltje	a charm	ə tsjaam
bestek	some cutlery	sam katləri
bijous	some costume jewellery	sam kostjōēm dzjōēəlri
broche	a brooch	ə brootsj
dasclip	a tie clip	ə tai klip
dasspeld	a tie pin	ə tai pin
gesp	a buckle	ə bakkəl
halssnoer	a necklace	ə neklis
hanger	a pendant	ə pendənt
horloge	a watch	ə ᵒᵉotsj
kwartshorloge	a quartz watch	ə kᵒᵉôôts ᵒᵉotsj
polshorloge	a wristwatch	ə ristᵒᵉotsj
stopwatch	a stopwatch	ə stopᵒᵉotsj
zakhorloge	a pocket watch	ə pokkit ᵒᵉotsj
juwelenkistje	a jewel box	ə dzjōēəl boks
ketting	a chain	ə tsjeen
klok	a clock	ə klok
keukenklok	a kitchen clock	ə kitsjin klok
slaande klok	a chiming clock	ə tsjaiming klok
slingerklok	a pendulum clock	ə pendjoeləm klok
wandklok	a wall clock	ə ᵒᵉôôl klok
kruis	a cross	ə kros
manchetknopen	some cufflinks	sam kaflinks
muziekdoos	a music box	ə mjōēzik boks
oorbellen	some earrings	sam ieəringz
oorclips	some clips	sam klips
parelsnoer	a bead necklace	ə bied neklis
poederdoos	a powder compact	ə paudə kompækt
ring	a ring	ə ring
trouwring	a wedding ring	ə ᵒᵉedding ring
verlovingsring	an engagement ring	ən engheedzjmənt ring
zegelring	a signet ring	ə sighnit ring
servetring	a serviette ring	ə seuwiet ring
sierspeld	a pin	ə pin
sigarettenkoker	a cigarette case	ə sighəret kees

snuifdoos	a snuff box	ə snaf boks
suikerpot	a sugar bowl	ə sjoeghə bool
wekker	an alarm clock	ən əlaam klok
elektrische wekker	an electric alarm clock	ən ilektrik əlaam klok
reiswekker	a travelling clock	ə træwəling klok
zoutvaatje	a saltcellar	ə sôôltsellə
Wat voor steen is het?	What kind of stone is it?	ᵒᵉot kaind ow stoon iz it

amethist	amethyst	æməθist
barnsteen	amber	æmbə
diamant	diamond	daiəmənd
onyx	onyx	onniks
parel	pearl	peul
robijn	ruby	rōēbi
saffier	sapphire	sæfaiə
smaragd	emerald	emmərəld
tijgeroog	tiger's eye	taighəz ai
topaas	topaz	toopæz
turkoois	turquoise	teukᵒᵉoiz

| Wat voor materiaal is het? | What is it made of? | ᵒᵉot iz it meed ow |

albast	alabaster	æləbaastə
alpaca	German silver	dzjeumən silwə
bladgoud	gold leaf	ghoold lief
bladzilver	silver leaf	silwə lief
chroom	chrome	kroom
ebbehout	ebony	ebbəni
email	enamel	inæmel
geslepen glas	cut glass	kat ghlaas
glas	glass	ghlaas
goud	gold	ghoold
ivoor	ivory	aiwəri
koraal	coral	korrəl
koper	copper	koppə
kristal	crystal	kristəl
parelmoer	mother-of-pearl	maðərəwpeul
platina	platinum	plætinəm
roestvrij staal	stainless steel	steenlis stiel
tin	pewter	pjōētə
zilver	silver	silwə

Kamperen

Hieronder volgen de belangrijkste onderdelen van een kampeeruitrusting:

Ik wil graag een/wat ...	I'd like ...	aid laik
aluminiumfolie	some tinfoil	sam tinfoil
bestek	some cutlery	sam katləri
blikopener	a tin opener	ə tin oopənə
braadpan	a frying pan	ə fraiing pæn
braadspies	a spit	ə spit
brandspiritus	some methylated spirits	sam meθileetid spirrits
butagas	some butane gas	sam bjōēteen ghæs
emmer	a bucket	ə bakkit
flesopener	a bottle opener	ə bottəl oopənə
gaskomfoor	a gas cooker	ə ghæs koekkə
grill	a grill	e ghril
grondzeil	a groundsheet	ə ghraundsjiet
hamer	a hammer	ə hæmə
hangmat	a hammock	ə hæmək
haringen	some tentpegs	sam tentpeghz
houtskool	some charcoal	sam tsjaakool
insektenspray	some insect spray	sam insekt spree
kaarsen	some candles	sam kændəlz
kampeeruitrusting	some camping equipment	sam kæmping ikᵒᵉipmənt
kan	a jug	ə dzjagh
klapstoel	a folding chair	ə foolding tsjeə
klaptafel	a folding table	ə foolding teebəl
koelbox	an icebox	ən aisboks
kompas	a compass	ə kampəs
kurketrekker	a corkscrew	ə kôôkskrōē
lamp	a lamp	ə læmp
ligstoel	a deckchair	ə dektscheə
luchtbed	an air mattress	ən eə mætris
luchtpomp	an air pump	ən eə pamp
lucifers	some matches	sam mætsjiz
matras	a mattress	ə mætris
muskietennet	a mosquito net	ə moskietoo net
picknickmand	a picnic case	ə piknik kees
plastic tas	a plastic bag	ə plæstik bægh
primus	a primus stove	ə praiməs stoow
rugzak	a rucksack	ə raksæk
schaar	some scissors	sam sizzəz

KAMPEREN, zie ook blz. 90

WINKELEN

schroevendraaier	a screwdriver	ə skroēdraiwə
serviesgoed	some crockery	sam krokkəri
slaapzak	a sleeping bag	ə slieping bægh
snelkookpan	a pressure cooker	ə presjə koekkə
spijkers	some nails	sam neelz
steelpan	a saucepan	ə sôôspən
stoel	a chair	ə tsjeə
tafel	a table	ə teebəl
tang	a pair of pliers	ə peə ow plaiəz
tent	a tent	ə tent
tentstok	a tent pole	ə tent pool
thermosfles	a vacuum flask	ə wækjoeəm flaask
touw (dun)	some string	sam string
touw (dik)	a rope	ə roop
veldbed	a camp bed	ə kæmp bed
veldfles	a water bottle	ə °°ôôtə bottəl
vistuig	some fishing tackle	sam fisjing tækəl
verbandtrommel	a first-aid kit	ə feust-eed kit
waterketel	a kettle	ə kettəl
zaklantaarn	a torch	ə tôôtsj
zakmes	a penknife	ə pennaif

Serviesgoed

bekers	mugs	maghz
borden	plates	pleets
kopjes	cups	kaps
schotels	saucers	sôôsəz

Bestek

lepels	spoons	spoēnz
messen	knives	naiwz
vorken	forks	fôôks
(van) plastic	(made of) plastic	(meed ow) plæstik
(van) roestvrij staal	(made of) stainless steel	(meed ow) steenlis stiel

Dameskapper – Schoonheidssalon

Is er een kapper/ schoonheidssalon in het hotel?	**Is there a hairdresser's/beauty salon in the hotel?**	iz ðeə ə **heə**dressəz/ **bjōē**ti sælon in ðə hootel
Kan ik een afspraak afspraak maken voor vrijdag?	**Can I make an appointment for Friday?**	kæn ai meek ən əpointmənt fôô fraidi
Wassen en watergolven, a.u.b.	**A shampoo and set, please.**	ə sjæm**pōē** ænd set pliez

een nieuw kapsel	**a restyle**	ə **rie**stail
knippen	**a cut**	ə kat
in een knot	**in a bun**	in ə ban
met krullen	**with curls**	°°ið keulz
permanent	**a perm**	ə peum

Ik wil (het) graag ...	**I'd like ...**	aid laik
wat bij laten kleuren	**a touch up**	ə tatsj ap
mijn haar laten verven	**a dye**	ə dai
geföhnd worden	**a blow-dry**	ə **bloo**drai
een spoeling	**a tint**	ə tint
Hebt u een kleurenkaart?	**Do you have a colour chart?**	dōē jōē hæw ə **kal**lə tsjaat
Ik wil geen haarlak/ haarversteviger.	**I don't want any hairspray/any setting lotion.**	ai doont °°ont enni **heə**spree/enni **set**ting loosjən
Ik wil graag een shampoo ...	**I'd like a shampoo ...**	aid laik ə sjæm**pōē**
droog/geverfd/ vet haar	**for dry/dyed/ greasy hair**	fôô drai/daid/ **ghrie**si heə

Onder de droogkap:

| Graag iets warmer/ kouder, a.u.b. | **A bit hotter/ Not so hot, please.** | ə bit **hot**tə/not soo hot pliez |
| Hebt u iets te lezen? | **Do you have any magazines, please?** | dōē jōē hæw enni mæghə**zienz** pliez |

DAGEN VAN DE WEEK, zie blz. 181

WINKELEN

In de schoonheidssalon:

Ik wil graag een ...	**I'd like ...**	aid laik
gezichtsmasker	**a face pack**	ə fees pæk
manicure	**a manicure**	ə **mæ**nikjōēə
pedicure	**a pedicure**	ə **pe**ddikjōēə

Herenkapper

Scheren, a.u.b.	**I'd like a shave, please.**	aid laik ə sjeew pliez
Knippen, a.u.b.	**Give me a cut, please.**	ghiw mie ə kat pliez
Wilt u het kort knippen?	**Cut it short.**	kat it sjôôt
Niet te kort.	**Don't cut it too short.**	doont kat it tōē sjôôt
Met een mesje, a.u.b.	**A razor-cut, please.**	ə **ree**zəkat pliez
Niet met de tondeuse.	**Don't use the electric clipper.**	doont jōēz ði i**lek**trik **klip**pə
Zo is het genoeg.	**That's enough off.**	ðæts i**naf** of
Nog een beetje korter ...	**A little more off the ...**	ə **lit**təl môô of ðə
bovenop	**top**	top
in de nek	**neck**	nek
opzij	**sides**	saidz
van achteren	**back**	bæk
Ik wil graag een haarlotion.	**I'd like some hair lotion.**	aid laik sam heə **loo**sjən
Geen brillantine, a.u.b.	**Please don't use any oil.**	pliez doont jōēz **en**ni oil
Wilt u mijn ... bijknippen?	**Would you please trim my ...?**	ᵒᵉoed jōē pliez trim mai
baard	**beard**	biəd
bakkebaarden	**sideboards**	**said**bôôdz
snor	**moustache**	mə**staasj**
Hoeveel is het?	**How much is that?**	hau matsj iz ðæt

FOOIEN, zie blz. 1

WINKELEN

Kleding

Als u iets bepaalds wilt kopen, kunt u zich het beste voorbereiden door vooraf de kledinglijst op blz. 125 door te lezen en te bedenken welke kleur, stof en maat u wilt. Met behulp van de bijbehorende zinnen zal het u best meevallen uw wensen kenbaar te maken.

Ik heb liever iets klassieks/moderns.	**I'd prefer something classic/modern.**	aid prifeu sam θing klæsik/moddən
Die in de etalage vind ik leuk.	**I like the one in the window.**	ai laik ðə ᵒᵉan in ðə ᵒᵉindoo
Ik wil graag een ... voor een jongen/meisje van 5 jaar.	**I want ... for a 5-year old boy/girl.**	ai ᵒᵉont ... fôô ə 5 jieər oold boi/gheul
Wat kost het per meter?	**How much is that per metre?** *	hau matsj iz ðæt peu mietə

1 centimeter	**1 centimetre**	1 sentimietə
halve meter	**half a metre**	haaf ə mietə
1 meter	**1 metre**	1 mietə
3 meter	**3 metres**	3 mietəz

Kleur

Hebt u iets in ...?	**Do you have something in ...?**	dōē jōē hæw samθing in
Het moet iets donkerder/lichter zijn.	**I'd like something darker/lighter.**	aid laik samθing daakə/laitə
Ik wil graag iets dat hierbij past.	**I want something to match this.**	ai ᵒᵉont samθing tōē mætsj ðis
Ik vind de kleur niet mooi.	**I don't like the colour.**	ai doont laik ðə kallə
Ik wil graag iets in dezelfde kleur als ...	**I'd like the same colour as ...**	aid laik ðə seem kallə æz

* Textiel wordt, sinds Groot-Brittannië op het decimale stelsel is overgegaan, per meter verkocht.

beige	**beige**	beezj
blauw	**blue**	blōē
donkerblauw	**navy blue**	neewi blōē
lichtblauw	**sky blue**	skaiblōē
blauwgroen	**turquoise**	teukᵒᵉoiz
bruin	**brown**	braun
donkerbruin	**dark brown**	daak braun
lichtbruin	**light brown**	lait braun
creme	**cream**	kriem
geel	**yellow**	jelloo
citroengeel	**lemon-coloured**	lemmənkalləd
goud	**golden**	ghooldən
grijs	**grey**	ghree
groen	**green**	ghrien
donkergroen	**bottle green**	bottəl ghrien
lichtgroen	**lime green**	laim ghrien
olijfgroen	**olive green**	olliv ghrien
lila	**lilac**	lailək
oranje	**orange**	orrindzj
rood	**red**	red
donkerrood	**ruby**	rōēbi
purper	**purple**	peupəl
vuurrood	**crimson**	kriemzən
rose	**pink**	pink
violet	**violet**	waiəlit
wit	**white**	ᵒᵉait
zilver	**silver**	silwə
zwart	**black**	blæk
licht- ...	**light ...**	lait
donker- ...	**dark ...**	daak

plain
(pleen)

striped
(straipt)

polka dots
(polkə dots)

checked
(tsjekt)

patterned
(pætənd)

Stoffen

Hebt u iets van ...?	**Have you anything in ...?**	hæw jōē enniθing in
Ik wil graag een katoenen blouse.	**I'd like a cotton blouse.**	aid laik ə kottən blauz

Hebt u iets in een Schotse ruit?	**Have you anything in tartan?**	hæw joē enniθing in taatən
Wat voor stof is het?	**What's it made of?**	°°ots it meed ow

badstof	**terry cloth**	terri kloθ
batist	**cambric**	keembrik
flanel	**flannel**	flænəl
fluweel	**velvet**	welwit
gabardine	**gabardine**	ghæbədien
kameelhaar	**camel-hair**	kæməlheə
kamgaren	**worsted**	°°oestid
kant	**lace**	lees
katoen	**cotton**	kottən
katoenfluweel	**velveteen**	welwitien
kunstzijde	**rayon**	reejon
leer	**leather**	leðə
linnen	**linen**	linnin
piqué	**quilting**	k°°ilting
popeline	**poplin**	poplin
ribfluweel	**corduroy**	kôôdəroi
satijn	**satin**	sætin
taft	**taffeta**	tæfitə
tule	**tulle**	tjōēl
vilt	**felt**	felt
wol	**wool**	°°oel
zijde	**silk**	silk

Is het ...?	**Is it ...?**	iz it
gemakkelijk in het onderhoud	**easy-care**	iezikeə
kreukvrij	**creaseproof**	kriesprōēf
wasbaar	**washproof**	°°osjprōēf
zuiver katoen	**pure cotton**	pjōēə kottən
Kan het krimpen?	**Is it liable to shrink?**	iz it laiəbəl tōē sjrink
Is het ...?	**Is that ...?**	iz ðæt
geïmporteerd	**imported**	impôôtid
handwerk	**handmade**	hændmeed
plaatselijk fabricaat	**made here**	meed hieə
Hebt u een betere kwaliteit?	**Do you have any better quality?**	dōē joē hæw enni bettə k°°olliti

WINKELEN

Kleding- en schoenmaten

Damesconfectie

GB	10/32	12/34	14/36	16/38	18/40
NL/B	36	38	40	42	44

Herenconfectie

GB	36	38	40	42	44	46
NL/B	46	48	50	52	54	56

Overhemden

GB	14	14½	15	15½	16	17
NL/B	36	37	38	39	40	42

Schoenen: dames (heren)

GB	4	5	6	7	8	9	10	11
NL/B	37	38	39(40)	40(41)	(42)	(43)	(44)	(45)

Ik heb maat 38.	**I take size 38.**	ai teek saiz 38
Ik ken de Engelse maten niet.	**I don't know the English sizes.**	ai doont noo ði inghlisj saiziz
Dit is de goede/ niet de goede maat.	**This is the right/ wrong size.**	ðis iz ðe rait/rong saiz

Past het?

Kan ik het passen?	**Can I try it on?**	kæn ai trai it on
Waar is de paskamer?	**Where's the fitting room?**	ᵒᵉeez ðe fitting rōēm
Het zit prima.	**It fits very well.**	it fits werri ᵒᵉel
Het past niet.	**It doesn't fit.**	it dazzent fit
Het is te ...	**It's too ...**	its tōē
kort/lang nauw/wijd	**short/long tight/loose**	sjôôt/long tait/lōēs
Hoe lang neemt het om het te veranderen?	**How long will it take to alter?**	·hau long ᵒᵉil it teek tōē ôôlte

GETALLEN, zie blz. 175

Kleren en accessoires

Ik wil graag (een) ...	I'd like ...	aid laik
avondjurk	an evening dress	ən iewning dres
badhanddoek	a bath towel	ə baaθ tauəl
badlaken	a beach sheet	ə bietj sjiet
badmantel	a bath robe	ə baaθ roob
badmuts	a bathing cap	ə beeðing kæp
badpak	a swimsuit	ə s∞imsōēt
beha	a bra	ə braa
bikini	a bikini	ə bikieni
blouse	a blouse	ə blauz
bontmantel	a fur coat	ə feu koot
bretels	a pair of braces	ə peə ow breesiz
broek	a pair of trousers	ə peə ow trauzəz
korte broek	a pair of shorts	ə peə ow sjōôts
halsdoek	a scarf	ə skaaf
handschoenen	a pair of gloves	ə peə ow ghlawz
handtas	a handbag	ə hændbægh
hemd	a vest	ə west
hoed	a hat	ə hæt
japon	a dress	ə dres
jarretelgordel	a suspender belt	ə səspendə belt
jarretels	some suspenders	sam səspendəz
jasje	a jacket	ə dzjækit
sportjasje	a sports jacket	ə spôôts dzjækit
kinderkleding	some children's clothes	sam tsjildrənz klooôz
kniekousen	a pair of knee-length socks	ə peə ow nielengθ soks
kostuum	a costume	ə kostjōēm
kousen	a pair of stockings	ə peə ow stokkingz
maillot	a pair of tights	ə peə ow taits
mantel	a coat	ə koot
muts	a cap	ə kæp
nachthemd (dames)	a nightgown	ə naitghaun
nachthemd (heren)	a nightshirt	ə naitsjeut
onderbroek (dames)	a pair of panties	ə peə ow pæntiz
onderbroek (heren)	a pair of underpants	ə peə ow andəpænts
ondergoed	some underwear	sam andəʳᵉeə
onderrok	an underskirt	ən andəskeut
overhemd	a shirt	ə sjeut
overjas	an overcoat	ən oowəkoot
pak	a suit	ə sōēt
paraplu	an umbrella	ən ambrellə

WINKELEN

WINKELEN

peignoir	a dressing gown	ə dressing ghaun
pullover	a pullover	ə poelloowə
pyama	a pair of pyjamas	ə peə ow pədzjaaməz
regenjas	a raincoat	ə reenkoot
rok	a skirt	ə skeut
schoenen	a pair of shoes	ə peə ow sjōēz
sjaal	a scarf	ə skaaf
skibroek	a pair of ski-pants	ə peə ow skiepænts
slipje	a pair of panties	ə peə ow pæntiz
smoking	a dinner jacket	ə dinnə dzjækit
sokken	a pair of socks	ə peə ow soks
step-in	a girdle	ə gheudəl
stola	a stole	ə stool
stropdas	a tie	ə tai
vest	a waistcoat	ə ᵒᵉeestkoot
gebreid vest	a cardigan	ə kaadighən
zakdoek	a handkerchief	ə hængkətsjif
zwembroek	some swimming trunks	sam sᵒᵉimming tranks

ceintuur	a belt	ə belt
drukknoop	a press stud	ə pres stad
elastiek	some elastic	sam ilæstik
gesp	a buckle	ə bakkəl
knoop	a button	ə battən
kraag	a collar	ə kollə
manchetknopen	a pair of cufflinks	ə peə ow kaflinks
ritssluiting	a zip	ə zip
veiligheidsspeld	a safety pin	ə seefti pin

En voor diegenen onder de vrouwelijke lezers, die van handwerken houden…

breinaalden	some knitting needles	sam nitting niedəlz
centimeter	a measuring tape	ə mezjəring teep
haaknaald	a crochet hook	ə kroosjee hoek
naaigaren	some sewing cotton	sam sooᵒᵉing kottən
naalden	some sewing needles	sam sooᵒᵉing niedəlz
patroon	a pattern	ə pætən
spelden	some pins	sam pinz
vingerhoed	a thimble	ə θimbəl
wol	some wool	sam ᵒᵉoel

Schoenen

Ik wil graag een paar ...	I'd like a pair of ...	aid laik ə peə ow
laarzen	boots	bōēts
overschoenen	galoshes	ghəlosjiz
pantoffels	slippers	slippəz
sandalen	sandals	sændəlz
schoenen	shoes	sjōēz
tennisschoenen	tennis shoes	tennis sjōēz
wandelschoenen	walking shoes	ºeôôking sjōēz
Deze zijn te ...	These are too ...	ðiez aa tōē
groot/klein	large/small	laadzj/smôôl
smal/breed	narrow/wide	næroo/ºeaid
Hebt u een maat groter/kleiner?	Do you have a larger/smaller size?	dōē jōē hæw ə laadzjə/smôôlə saiz
Hebt u dezelfde in ...?	Do you have the same in ...?	dōē jōē hæw ðə seem in
blauw/bruin	blue/brown	blōē/braun
zwart/wit	black/white	blæk/ºeait
rubber/leer	rubber/leather	rabbə/leðə
linnen/suède	cloth/suède	kloθ/sºeeed
Is het echt leer?	Is it genuine leather?	iz it dzjenjoein leðə
Ik wil graag (een) ...	I'd like ...	aid laik
inlegzolen	a pair of insoles	ə peə ow insoolz
schoenlepel	a shoehorn	ə sjōēhôôn
schoensmeer	some shoepolish	sam sjōēpollisj
schoenspanners	some shoetrees	sam sjōētriez
schoenveters	some shoelaces	sam sjōēleesiz

Schoenreparaties

Kunt u deze schoenen maken?	Can you repair these shoes?	kæn jōē ripeə ðiez sjōēz
Ik wil graag nieuwe zolen en hakken.	I want them soled and heeled.	ai ºeont ðem soold ænd hield
Wanneer zijn ze klaar?	When will they be ready?	ºeen ºeil ðee bie reddi

WINKELEN

Levensmiddelen

Hieronder vindt u een lijst van levensmiddelen en dranken, waaruit u een keuze kunt maken voor een picknick of een zelf te bereiden maaltijd.

Ik wil graag een/wat ..., a.u.b.	I'd like ..., please.	aid laik... pliez
appels	some apples	sam æpəlz
appelsap	some apple juice	sam æpəl dzjōēs
augurken	some gherkins	sam gheukinz
bananen	some bananas	sam bənaanəz
bier	some beer	sam bieə
boter	some butter	sam battə
braadworst	some frying sausage	sam fraiing sossidzj
brood	some bread	sam bred
broodjes	some bread rolls	sam bred roolz
chips	some crisps	sam krisps
chocolade	some chocolate	sam tsjoklit
corned beef	some corned beef	sam kôônd bief
crackers	some crackers	sam krækəz
druiven	some grapes	sam ghreeps
eieren	some eggs	sam eghz
fricandellen	some rissoles	sam rissoolz
grapefruitsap	some grapefruit juice	sam ghreepfrōēt dzjōēs
ham	some ham	sam hæm
kaas	some cheese	sam tsjiez
koekjes	some biscuits	sam biskits
koffie	some coffee	sam koffi
oploskoffie	some instant coffee	sam instənt koffi
komkommer	a cucumber	ə kjōēkambə
koude kip	some cold chicken	sam koold tsjikkin
leverworst	some liver sausage	sam liwwə sossidzj
limonade	some lemonade	sam leməneed
margarine	some margarine	sam maadzjərien
melk	some milk	sam milk
mineraalwater	some mineral water	sam minnərəl ∞ ôôtə
mosterd zacht/scherp	some mustard mild/strong	sam mastəd maild/strong
olie	some oil	sam oil
olijven	some olives	sam oliwz
pâté	some pâté	sam pætee
peper	some pepper	sam peppə

salade	some salad	sam sælǝd
sandwiches	some sandwiches	sam sænd°ᵉitsjiz
sinaasappels	some oranges	sam orrindzjiz
sinaasappelsap	some orange juice	sam orrindzj dzjōēs
siroop	some syrup	sam sirrǝp
snoep	some sweets	sam s°ᵉiets
thee	some tea	sam tie
theezakjes	some tea bags	sam tie bæghz
wijn	some wine	sam °ᵉain
worstjes	some sausages	sam sossidzjiz
yoghurt	some yoghurt	sam joghǝt
zout	some salt	sam sôôlt

En vergeet niet de/het...

aluminiumfolie	some tinfoil	sam tinfoil
blikopener	a tin opener	ǝ tin oopǝnǝ
flesopener	a bottle opener	ǝ bottǝl oopǝnǝ
kurketrekker	a corkscrew	ǝ kôôkskrōē
lucifers	some matches	sam mætsjiz
papieren servetten	some paper serviettes	sam peepǝ seuwiets
plastic tasje	a plastic bag	ǝ plæstik bægh

blik	a tin	ǝ tin
boodschappentas	a shopping bag	ǝ sjopping bægh
doos	a box	ǝ boks
fles	a bottle	ǝ bottǝl
glas	a glass	ǝ ghlaas
mand	a basket	ǝ baaskit
pakje	a packet	ǝ pækit
tube	a tube	ǝ tjōēb

Maten en gewichten		
oz = an ounce		1 oz = 28,35 g
lb = a pound		¼ lb = ong. 113 g
		½ lb = ong. 227 g
		1 lb = ong. 454 g
2 pints (pt) = 1 quart (qt)		1 pint = 0,57 l
4 quarts = 1 gallon (gal)		1 quart = 1,14 l
		1 gallon = 4,5 l

Sigarenwinkel

Vergeet u niet bij uw vertrek in de belastingvrije winkel een slof sigaretten te kopen, want tabaksartikelen zijn behoorlijk duur in Engeland. Sigaren, sigaretten en pijptabak (in alle smaken van zacht tot scherp) kunt u in een sigarenwinkel (*tobacconist's* – təbækənists) kopen, maar ook bij kiosken, in warenhuizen, snoepwinkels of uit automaten. In de meeste bioscopen zijn gedeeltes waar gerookt mag worden. In de ondergrondse en de trein zijn afzonderlijke coupés voor rokers en niet-rokers; in de dubbeldeksbussen mag bovenin gerookt worden.

Mag ik een pakje sigaretten?	**A packet of cigarettes, please.**	ə pækit ow sighərets pliez
10/20 ..., graag.*	**10/20 ..., please.**	ten/t°°enti... pliez
Ik wil graag een/wat ...	**Give me ..., please.**	ghiw mie... pliez
aansteker	**a cigarette lighter**	ə sighəret laitə
benzine/gas voor aansteker	**some lighter fluid/gas**	sam laitə flōēid/ ghæs
aanstekervulling	**a refill for a lighter**	ə riefil fôô ə laitə
asbak	**an ashtray**	ən æsjtree
doosje sigaren	**a box of cigars**	ə boks ow sighaaz
doosje sigaretten	**a packet of cigarettes**	ə pækit ow sighərets
lont	**a wick**	ə °°ik
lucifers	**some matches**	sam mætsjiz
pijp	**a pipe**	ə paip
pijpereinigers	**some pipe cleaners**	sam paip klienəz
pijpestopper	**a pipe tool**	ə paip tōēl
pijptabak	**some pipe tobacco**	sam paip təbækoo
sigaar	**a cigar**	ə sighaa
sigaren	**some cigars**	sam sighaaz
sigaretten	**some cigarettes**	sam sighərets
sigarettenkoker	**a cigarette case**	ə sighəret kees
sigarettenpijpje	**a cigarette holder**	ə sighəret hooldə

---

* Sigaretten worden zowel in pakjes van 10 als van 20 verkocht, u moet dus zeggen hoeveel u wilt.

snuiftabak	**some snuff**	sam snaf
tabak	**some tobacco**	sam təbækoo
tabakspot	**a humidor**	ə joēmidôô
tabakszak	**a tobacco pouch**	ə təbækoo pautsj
vuursteentjes	**some flints**	sam flints
Hebt u ...?	**Do you have any ...?**	doē joē hæw enni
Amerikaanse/Franse sigaretten	**American/French cigarettes**	əmerrikən/frentsj sighərets
mentholsigaretten	**menthol cigarettes**	menθol sighərets
Ik wil 2 doosjes.	**I'll take 2 packets.**	ail teek 2 pækits
Ik wil graag een slof sigaretten.	**I'd like a carton, please.**	aid laik ə kaatən pliez

met filter	**filter tipped**	filtə tipt
zonder filter	**without filter**	ᵒᵉiðaut filtə
lichte tabak	**light tobacco**	lait təbækoo
zware tabak	**dark tobacco**	daak təbækoo

En nu we het toch over sigaretten hebben:

Hebt u er bezwaar tegen als ik rook?	**Do you mind if I smoke?**	doē joē maind if ai smook
Wilt u een sigaret?	**Would you like a cigarette?**	ᵒᵉoed joē laik ə sighərett
Probeert u deze eens.	**Try one of these.**	trai ᵒᵉan ow ðiez
Ze zijn erg zacht.	**They are very mild.**	ðee aa werri maild
Ze zijn tamelijk scherp.	**They are a bit strong.**	ðee aa ə bit strong

En als iemand u een sigaret aanbiedt:

Graag.	**Thank you.**	θænk joē
Nee, dank u.	**No, thank you.**	noo θænk joē
Ik rook niet.	**I don't smoke.**	ai doont smook
Ik rook vrijwel niet.	**I don't smoke much.**	ai doont smook matsj
Ik probeer het op te geven.	**I'm trying to give it up.**	aim traijing toē ghiw it ap
Ik rook niet meer.	**I've given it up.**	aiw ghiwwən it ap

Souvenirs

Winkelen is in Engeland een gezellige bezigheid. Het zal u beslist niet meevallen een keuze te maken uit het ruime aanbod van echte Engelse produkten.

Artikelen van kasjmier en wol, kilts, stoffen en zijde zijn voordelig – inflatie en koersveranderingen buiten beschouwing gelaten – evenals glas, porselein en antiek. U zou ook eens kunnen kijken naar speelgoed, (Engelstalige) boeken, grammofoonplaten en sportartikelen. Verder zijn er allerlei soorten tabak en cosmetica, vooral zeep in diverse vormen, kleuren en geuren.

In Londen en andere grote steden kunt u soms aardige snuisterijen vinden op de vrolijke en kleurrijke rommelmarkten (*flea market* – flie **maa**kit).

Populaire en goedkope souvenirs zijn:

biscuits	biskits	koekjes
Christmas pudding	krismǝs poedding	Kerstgebak
marmalade	maamǝleed	marmelade
pickles	pikkǝlz	zoetzuur
smoked salmon	smookt sæmǝn	gerookte zalm
sweets	s°ᵉiets	snoep
tea	tie	thee

Grote warenhuizen hebben een speciale klantenservice, die voor buitenlanders de formaliteiten voor de teruggave van de BTW *(VAT)* regelt, maar het loont alleen de moeite bij grote aankopen.

Voor diamanten, voorwerpen die meer dan 70 jaar oud zijn, archeologische vondsten en antiek ter waarde van meer dan £4000 hebt u een speciale uitvoervergunning nodig.

Wat u in Engeland niet moet kopen zijn luxe artikelen, die met hoge accijns belast zijn, zoals alcohol, sigaretten, parfum, fotoapparatuur en elektrische of elektronische apparaten. Die kunt u echter ruimschoots belastingvrij op het vliegveld of op de boot kopen.

Wasserij – Stomerij

Hoewel u in vele hotels uw kleren kunt laten wassen of stomen, kunt u veelal goedkoper en sneller terecht bij de plaatselijke wasserettes en stomerijen.

Waar is de dichtstbijzijnde ...?	**Where's the nearest ...?**	ºeeəz ðə **nie**erist
stomerij	**dry cleaner's**	drai **klie**nəz
wasserette	**launderette**	lôôndəret
wasserij	**laundry**	lôôndri
Ik wil deze kleren laten ...	**I want these clothes ...**	ai ºont ðiez kloo**ð**z
stomen	**cleaned**	kliend
wassen en strijken	**washed and ironed**	ºosjt ænd **ai**ənd
Wanneer is het klaar?	**When will it be ready?**	ºen ºill it bie **reddi**
Ik heb het ... nodig.	**I'll need them ...**	ail nied ðem
vandaag	**today**	tə**dee**
vanavond	**tonight**	tə**nait**
morgen	**tomorrow**	tə**morroo**
voor vrijdag	**before Friday**	bi**fôô** **frai**di
zo spoedig mogelijk	**as soon as possible**	æz **sôön** æz **possi**bəl
Kunt u dit ...?	**Can you ... this?**	kæn jôö ... ðis
naaien/stoppen	**sew/mend**	soo/mend
Kunt u deze knoop aannaaien?	**Can you sew on this button?**	kæn jôö soo on ðis **batt**ən
Kunt u deze vlek eruit krijgen?	**Can you get this stain out?**	kæn jôö ghet ðis steen aut
Kan dit onzichtbaar gestopt worden?	**Can this be invisibly mended?**	kæn ðis bie in**wizz**ibli **mend**id
Is mijn was klaar?	**Is my laundry ready?**	iz mai **lôôn**dri **reddi**
U had beloofd dat het vandaag klaar zou zijn.	**You promised it would be ready today.**	jôö **promm**ist it ºoed bie **reddi** tə**dee**
Dat is niet van mij.	**This isn't mine.**	ðis **izz**ənt main
Er ontbreekt iets.	**There's one piece missing.**	ðeəz ººan pies **miss**ing

WINKELEN

DAGEN VAN DE WEEK, zie blz. 181

Banken — Valuta

Alle grote banken hebben over het hele land verspreid vestigingen waar u uw reischeques of buitenlandse valuta kunt inwisselen. Wisselkantoren zijn er, behalve in Londen, maar weinig. Vergeet uw paspoort niet mee te nemen als u reischeques gaat inwisselen.

Openingstijden

In Engeland en Wales zijn de banken van maandag t.e.m. vrijdag geopend van 9.30 tot 15.30 uur. In Schotland en Ulster (Noord-Ierland) sluiten de banken tussen 12.30 en 13.30 uur. In Schotland zijn de banken bovendien op donderdag van 16.30 tot 18 uur geopend. Bankvestigingen op de stations, luchthavens en terminals zijn niet alleen door de week langer open, maar u kunt er meestal ook in het weekeinde terecht.

Valuta

De munteenheid, het Engelse pond of *pound sterling* (afgekort £) is gelijk aan 100 *pence*, meestal *p* (uit te spreken als „pie") genoemd.
Munten: ½p, 1p, 2p, 5p, 10p, 20p, 50p, £1.
Bankbiljetten: £1, £5, £10, £20, £50.

Daarnaast zijn er nog twee munten in omloop uit de tijd dat Engeland nog niet tot het decimale stelsel overgegaan was. Dit zijn het 2-*shilling*-stuk dat nu 10p waard is en dezelfde vorm heeft als de nieuwe munt van deze waarde en het 1-*shilling*-stuk, nu 5p waard en dezelfde vorm als de nieuwe munt van deze waarde.

Engeland en Schotland hebben dezelfde munteenheid met verschillende maar volledig uitwisselbare bankbiljetten.

Ook de Kanaaleilanden en het eiland Man hebben eigen bankbiljetten; deze zijn echter niet geldig in de rest van Engeland. Als verzamelobject zijn zij erg in trek, evenals de postzegels van deze eilanden, die ook anders zijn dan die van het Verenigd Koninkrijk.

Waar?

Waar is de/het dichtstbijzijnde bank/wisselkantoor?	**Where's the nearest bank/currency exchange office?**	°°eəz ðə **nieə**rist bænk/ **karr**ənsi ek**stjeendzj** offis
Waar kan ik een reischeque inwisselen?	**Where can I cash a traveller's cheque?**	°°eə kæn ai kæsj ə **træwə**ləz tsjek

In de bank

Ik wil graag ... wisselen.	**I'd like to change some ...**	aid laik tōē tsjeendzj sam
Nederlandse guldens Belgische franken	**Dutch guilders Belgian francs**	datsj **ghil**dəz **beldzj**ən frænks
Wat is de wisselkoers?	**What's the exchange rate?**	°°ots ði ek**stjeendzj** reet
Ik wil graag een reischeque inwisselen.	**I'd like to change a traveller's cheque.**	aid laik tōē tsjeendzj ə **træwə**ləz tsjek
Kunt u een cheque uitbetalen?	**Can you cash a personal cheque?**	kæn jōē kæsj ə **peusə**nəl tsjek
Hoeveel is de commissie?	**What rate of commission do you charge?**	°°ot reet ow kəmisjən dōē jōē tsjaadzj
Hoe lang duurt de controle?	**How long will it take to clear?**	hau long °°il it teek tōē klieə
Kunt u naar mijn bank in ... telegraferen?	**Can you cable my bank in ...?**	kænjōē **kee**bəl mai bænk in
Ik heb ...	**I have ...**	ai hæw
een kredietbrief een credit card	**a letter of credit a credit card**	ə **lett**ə ow **kreddit** ə **kreddit** kaad

Ik verwacht geld uit ... Is dat al binnen?	**I'm expecting some money from ... Has it arrived yet?**	aim ekspekting sam manni from... hæz it əraiwd jet
Wilt u mij voor £ 50 bankbiljetten en voor £ 2 klein- geld geven?	**Please give me 50 pounds in large denominations and 2 pounds in small change.**	pliez ghiw mie 50 paundz in laadzj dinomineesjənz ænd 2 paundz in smôôl tsjeendzj
Ik wil graag wat kleingeld.	**I'd like some small change.**	aid laik sam smôôl tsjeendzj
Wilt u dit nog eens narekenen?	**Could you please check this again?**	koed jōē pliez tsjek ðis əghen

Stortingen

Ik wil dit op mijn rekening storten.	**I want to pay this into my account.**	ai ᵒᵉont tōē pee ðis intōē mai əkaunt
Ik wil dit op de rekening van de heer Simon storten.	**I'd like to pay this into Mr. Simon's account.**	aid laik tōē pee ðis intōē mistə saimənz əkaunt
Waar moet ik tekenen?	**Where should I sign?**	ᵒᵉeə sjoed ai sain

Wisselkoersen

Daar de wisselkoersen dagelijks aan schommelingen onderhevig zijn, is het misschien handiger dat u zelf in onderstaande tabel de wisselkoersen invult. U kunt deze opvragen bij banken, reis- en verkeersbureaus.

	guldens	Belgische franken
5p		
10p		
50p		
£1		
£10		
£20		

Post – Telegraaf – Telefoon

Postkantoor

De postkantoren (*post offices* – poost **o**ffisəz) in Engeland zijn van maandag t.e.m. vrijdag van 9 tot 17.30 of 18 uur geopend, sommige ook op zaterdag van 9 tot 12.30 uur. Dorpspostkantoortjes gaan veelal tussen de middag dicht. Postzegels kunt u alleen in een postkantoor kopen of bij een automaat. Engelse brievenbussen (*letter boxes* – **le**ttə **bo**ksəz) zijn rood.

U kunt uw post in Groot-Brittanië *first class* (feust klaas – bijzonder snel) of *second class* (**se**kkənd klaas – wat langzamer) versturen. Brieven en briefkaarten worden binnen Europa automatisch per luchtpost vervoerd, naar andere bestemmingen alleen als er een speciale *air mail* zegel opzit en een extra toeslag betaald is.

Waar is het dichtst-bijzijnde postkantoor?	**Where's the nearest post office?**	ᵒᵉeaz ðə **nie**ərist poost offis
Hoe laat gaat het postkantoor open/dicht?	**What time does the post office open/close?**	ᵒᵉot taim daz ðə poost offis oopən/klooz
Aan welk loket moet ik zijn voor postzegels?	**Which counter do I go to for stamps?**	ᵒᵉitsj **kau**ntə dōē ai ghoo tōē fôô stæmps
Aan welk loket kan ik een internationale postwissel innen?	**At which counter can I cash an international money order?**	æt ᵒᵉitsj **kau**ntə kæn ai kæsj ən intənæsjənəl **ma**nni ôôdə
Ik wil graag postzegels.	**I want some stamps, please.**	ai ᵒᵉont sam stæmps pliez
Ik wil graag ... postzegels van ... en ... van ... pence.	**I want ... -pence stamps and ... -pence stamps.**	ai ᵒᵉont... pens stæmps ænd... pens stæmps
Hoeveel moet er op een brief/ansichtkaart naar Nederland/België?	**What's the postage for a letter/postcard to The Netherlands/Belgium?**	ᵒᵉots ðə **poo**stidzj fôô ə **le**ttə/**poo**stkaad tōē ðə **ne**ðələndz/**be**ldzjəm

GETALLEN, zie blz. 175

Ik wil dit ... versturen.	**I'd like to send this ...**	aid laik tōē send ðis
aangetekend per expresse per luchtpost	**registered mail express airmail**	redzjistəd meel ekspres eəmeel
Waar is de brievenbus?	**Where's the letter box?**	°°eəz ðə lettə boks
Ik wil dit pakje naar België/ Nederland versturen.	**I'd like to send this parcel to Belgium/The Netherlands.**	aid laik tōē send ðis paasəl tōē beldzjəm/ðə neðələndz
Moet ik een douane-formulier invullen?	**Do I have to fill in a customs declaration form?**	dōē ai hæw tōē fil in ə kastəmz dekləreesjən fôôm
Waar is het loket voor poste-restante?	**Where's the poste restante counter?**	°°eəz ðə poost restənt kauntə
Is er post voor mij? Mijn naam is ...	**Is there any post for me? My name is ...**	iz ðeə enni poost fôô mie. mai neem iz

STAMPS	POSTZEGELS
PARCELS	POSTPAKKETTEN
MONEY ORDERS	POSTWISSELS
INQUIRIES	INLICHTINGEN

Telegraaf

In Groot-Brittannië bestaat geen mogelijkheid meer tot het verzenden van een telegram. U kunt nu gebruik maken van soortgelijke diensten zoals Datapost, Expresspost en Intelpost. Voor nadere inlichtingen informeer bij het postkantoor.

Ik wil een telegram versturen.	**I'd like to send a telegram.**	aid laik tōē send ə tellighræm
Hebt u een formulier voor me?	**May I have a form, please?**	mee ai hæw ə fôôm pliez
Hoeveel kost het per woord?	**How much is it per word?**	hau matsj iz it peu °°eud

LANDEN EN STEDEN, zie blz. 174

Telefoon

De traditionele rode telefooncellen verdwijnen geleidelijk aan en worden vervangen door *payphones* en *cardphones*.

Payphones zijn te herkennen aan de blauwe of rode telefoonhoorn op de deur van de cel. In deze telefooncellen hebt u munten nodig. In *cardphones* gebruikt u een speciale kaart, die u kunt kopen in een hoofdpostkantoor. Na afloop van uw gesprek, hoort u hoeveel u nog over hebt voor eventuele verdere gesprekken. De *cardphones* zijn groen geschilderd of hebben een groen symbool.

Tussen 18 en 8 uur en in de weekeinden zijn interlokale gesprekken aanzienlijk goedkoper.

Als u de politie of de brandweer moet hebben, draai dan 999 in een willekeurige telefooncel (geen munt nodig).

Waar is de telefoon?	**Where's the telephone?**	ᵒᵉeəz ðə **tellifoon**
Waar is de dichtstbijzijnde telefooncel?	**Where's the nearest telephone box?**	ᵒᵉeəz ðə **nieerist tellifoon boks**
Mag ik even uw telefoon gebruiken?	**May I use your phone?**	mee ai jōēz jôô foon
Hebt u een telefoongids van ...?	**Do you have a telephone directory for ...?**	dōē jōē hæw ə tellifoon dairektəri fôô
Kunt u mij aan dit nummer helpen?	**Can you help me get this number?**	kæn jōē help mie ghet ðis nambə

Telefoniste

Spreekt u Nederlands/ Frans/Duits?	**Do you speak Dutch/ French/German?**	dōē jōē spiek datsj/ frentsj/**dzjeumən**
Hallo, wilt u mij verbinden met 123 4567 in Amsterdam?	**Hello, I want Amsterdam 123 4567. ***	heloo ai ᵒᵉont amstədam 123 4567

---

* Als u een telefoonnummer aanvraagt, noem de cijfers dan een voor een op (bv. een, twee, drie enz.).

GETALLEN, zie blz. 175

Kan ik automatisch telefoneren?	**Can I dial direct?**	kæn ai **dai**əl dai**rekt**
Ik wil graag een gesprek met voorbericht.	**I want to place a personal call.**	ai °°ont tōē plees ə **peus**ənəl kôôl
Ik wil graag een gesprek voor rekening van de opgeroepene.	**A transferred- charge call, please.**	ə **træns**feud-**tsjaadzj** kôôl pliez
Wilt u mij na afloop van het gesprek de kosten opgeven?	**Please tell me the cost of the call when I'm finished.**	pliez tel mie ðə kost ow ðə kôôl °°en aim **finn**isjt

Spreken

Hallo, met ...	**Hello, this is ... speaking.**	hel**oo** ðis iz... **spie**king
Spreek ik met ...?	**Is that ...?**	iz ðæt
Wilt u mij met ... verbinden?	**Would you put me through to ...?**	°°oed jōē poet mie θrōē tōē
Mag ik toestel 24?	**I'd like extension 24.**	aid laik ek**sten**sjən 24
Kunt u luider spreken, a.u.b.?	**Could you speak up, please?**	koed jōē spiek ap pliez
Kunt u iets langzamer spreken, a.u.b.?	**Could you speak slower, please?**	koed jōē spiek sloo°°ə pliez

Pech

Wilt u het later nog eens proberen?	**Would you please call again later?**	°°oed jōē pliez kôôl əghen leetə
U hebt me verkeerd verbonden.	**Operator, you gave me a wrong number.**	**opp**əreetə jōē gheew mie ə rong **namb**ə
De verbinding is verbroken.	**Operator, we've been cut off.**	**opp**əreetə °°iew bien kat of

Afwezig

Wanneer is hij/zij terug?	**When will he/she be back?**	ᵒᵉen ᵒᵉil hie/sjie bie bæk
Wilt u hem/haar zeggen dat ik gebeld heb? Mijn naam is ...	**Will you tell him/her I called? My name is ...**	ᵒᵉil joē tel him/ heu ai kôôld. mai neem iz
Wilt u hem/haar vragen mij terug te bellen?	**Would you ask him/her to call me back?**	ᵒᵉoed joē aask him/ heu tōē kôôl mie bæk
Wilt u een boodschap doorgeven?	**Would you please take a message?**	ᵒᵉoed joē pliez teek ə messidzj

Kosten

Hoeveel kost dit gesprek?	**What's the cost of the call?**	ᵒᵉots ðə kost ow ðə kôôl
Ik wil graag het gesprek betalen.	**I want to pay for the call.**	ai ᵒᵉont tōē pee fôô ðə kôôl

There's a telephone call for you.	Er is telefoon voor u.
What number are you calling?	Welk nummer wilt u hebben?
Please hold the line.	Blijft u aan de lijn.
The line's busy.	De lijn is bezet.
There's no answer.	Ik krijg geen gehoor.
You've got the wrong number.	U hebt het verkeerde nummer.
The phone is out of order.	Er is een storing.
He's/She's out at the moment.	Hij/Zij is op het ogenblik niet aanwezig.

De auto

Benzinestation

Benzine wordt nu per liter verkocht, sommige benzinestations afficheren echter nog prijzen per *Imperial gallon* (zie tabel).

Waar is het dichtstbijzijnde benzinestation?	**Where's the nearest service station?**	ᵒᵉeəz ðə **nie**ərist **seu**wis **stees**jən
Ik wil graag ... liter 2 sterren/ 4 sterren benzine.*	**I'd like ... litres of 2-star/4-star, please.***	aid laik ... **lie**təz ow 2-staa/4-staa pliez
Geeft u mij voor £... benzine.	**Give me ... pounds worth of petrol.**	ghiw mie ... paundz ᵒᵉeuθ ow **pet**rəl
Graag voltanken.	**Fill the tank, please.**	fil ðə tænk pliez
Wilt u de olie en het water controleren?	**Please check the oil and water.**	pliez tsjek ði oil ænd ᵒᵒ**ôô**tə
Mag ik een halve liter olie?	**Give me half a litre of oil.**	ghiw mie haaf ə **lie**tə ow oil
Wilt u de accu met gedistilleerd water bijvullen?	**Top up the battery with distilled water, please.**	top ap ðə **bæt**əri ᵒᵉið di**stild** ᵒᵒ**ôô**tə pliez

Vloeistoffen					
Gallon	Liter	Gallon	Liter	Pint	Liter
1	4,55	6	27,30	1	0,57
2	9,10	7	31,82	4	2,27
3	13,64	8	36,40		
4	18,20	9	40,91	8 pints = 1 gallon	
5	22,73	10	45,50		

* Het octaangehalte wordt met sterren aangegeven. Vier sterren is 97 octaan, drie sterren 94 octaan. De beste en tevens duurste benzine heeft vijf sterren.

GETALLEN, zie blz. 175

Wilt u de remolie controleren?	**Would you check the brake fluid, please?**	ᵒᵉoed jᴏ̄ᴇ̄ tsjek ðə breek flᴏ̄ᴇ̄id pliez
Wilt u de banden-spanning controleren?	**Would you check the tyres, please?**	ᵒᵉoed jᴏ̄ᴇ̄ tsjek ðə taiəz pliez
voor 1,6	**23 at the front**	tᵒᵉentᴓrie æt ðə frant
achter 1,8	**26 at the rear**	tᵒᵉentisiks æt ðə rieə

Bandenspanning			
lb/sq.in.*	kg/cm²	lb/sq.in.*	kg/cm²
10	0,70	26	1,82
12	0,85	27	1,89
15	1,04	28	1,95
18	1,26	30	2,10
20	1,40	32	2,24
21	1,47	36	2,53
23	1,61	38	2,67
24	1,68	40	2,81

Wilt u ook het reservewiel controleren?	**Please check the spare wheel, too.**	pliez tsjek ðə speə ᵒᵉiel tᴏ̄ᴇ̄
Kunt u deze lekke band maken?	**Can you mend this puncture?**	kæn jᴏ̄ᴇ̄ mend ðis **pank**tsjə
Wilt u deze band verwisselen, a.u.b.?	**Would you please change this tyre?**	ᵒᵉoed jᴏ̄ᴇ̄ pliez tsjeendzj ðis taiə
Wilt u de voorruit schoonmaken, a.u.b.?	**Would you clean the windscreen, please?**	ᵒᵉoed jᴏ̄ᴇ̄ klien ðə ᵒᵉindskrien pliez
Wilt u de olie verversen, a.u.b.?	**Would you please change the oil?**	ᵒᵉoed jᴏ̄ᴇ̄ pliez tsjeendzj ði oil
Hebt u een wegenkaart van deze streek?	**Have you a road map of this area?**	hæw jᴏ̄ᴇ̄ ə rood mæp ow ðis eəriə
Waar zijn de toiletten?	**Where are the toilets?**	ᵒᵉeəraa ðə **toi**lits

---

* pounds per square inch

De weg vragen

Neemt u mij niet kwalijk.	**Excuse me.**	ek**skj**ōōz mie
Kunt u mij zeggen hoe ik in ... kom?	**Could you tell me the way to ...?**	koed jōō tel mie ðə °°ee tōō
Hoe kom ik naar ...?	**How do I get to ...?**	hau dōō ai ghet tōō
Waar gaat deze weg naar toe?	**Where does this road lead to?**	°°eə daz ðis rood lied tōō
Kunt u mij op deze kaart aanwijzen waar ik ben?	**Can you show me on this map where I am?**	kæn jōō sjoo mie on ðis mæp °°eə ai æm
Hoe ver is het van hier naar ...?	**How far is it to ... from here?**	hau faa iz it tōō ... from hieə

AUTO – INLICHTINGEN

You're on the wrong road.	U bent op de verkeerde weg.
Go straight ahead.	U moet rechtdoor rijden.
It's down there on the left/right.	Het is daarginds links/rechts.
Go to the first/second crossroads.	U moet doorrijden tot de eerste/tweede kruising.
Turn left/right at the traffic lights.	Bij de stoplichten moet u links-/rechtsaf.

Omrekeningstabel mijlen – kilometers

1 mijl = 1,609 km

mijlen	10	20	30	40	50	60	70	80	90	100
kilometers	16	32	48	64	80	97	113	129	145	161

Omrekeningstabel kilometers – mijlen

1 km = 0,62 mijl

kilometers	10	20	30	40	50	60	70	80	90	100	110	120	130
mijlen	6	12	19	25	31	37	44	50	56	62	68	75	81

DE WEG VRAGEN, zie ook blz. 92

Op de volgende bladzijden houden we ons uitvoerig bezig met de auto zelf. We hebben dit hoofdstuk in twee delen gesplitst:

Deel A bevat nuttige wenken en gegevens betreffende het autorijden in Engeland. Wij raden u aan dit deel voor uw vertrek door te nemen.

Deel B geeft u de woordenschat, die u bij ongevallen, pech en noodgevallen nodig hebt. U vindt er een lijst van de voornaamste auto-onderdelen en een uitvoerige opsomming van alle mankementen die aan uw auto kunnen optreden. U hoeft de monteur dus maar de betreffende bladzijden te laten zien en hij kan u zo aanwijzen wat er mis is.

Deel A

Douane – Documenten

Als u met uw eigen auto naar Engeland gaat, hebt u nodig:

- geldig rijbewijs
- kentekenbewijs
- (groene) verzekeringskaart
- paspoort of identiteitskaart

Het nationaliteitsplaatje moet goed zichtbaar aan de achterkant van de auto aangebracht zijn. Het dragen van veiligheidsgordels is verplicht. In onverlichte straten en bij slecht zicht moet u dimlicht gebruiken.

De straf voor het rijden onder invloed van alcohol is zeer hoog: intrekken van het rijbewijs, hoge boete en soms zelfs gevangenisstraf behoren tot de mogelijkheden; aan de wet wordt streng de hand gehouden.

DOUANE, zie ook blz. 22

146

Hier is mijn ...	**Here's my ...**	hieəz mai
groene kaart	**green card**	ghrien kaad
kentekenbewijs	**registration card**	redzjistreesjən kaad
paspoort	**passport**	paaspôôt
rijbewijs	**driving licence**	draiwing laisəns
Ik heb niets aan te geven.	**I've nothing to declare.**	aiw naθing tōē dikleə

Het verkeer

Autosnelwegen worden met blauwe borden aangegeven en hoofdverkeerswegen met groene borden. In Engeland zijn de wegen als volgt ingedeeld:

- **M** *(motorway)* – b. v. M4: autosnelweg
- **A** – b. v. A3: hoofdverkeersweg tussen steden en dorpen
- **B** – b. v. B4526: goede secundaire wegen.
- **C** – meestal niet geklassificeerd: smalle landwegen

Moeten wij het nog eens herhalen? U moet *links* houden! Omdat u dit niet gewend bent, moet u zeker in het begin alle aandacht aan het verkeer besteden, vooral bij bochten en rotondes. Na een paar dagen is het links rijden echter al normaal geworden, hoewel u toch altijd bedacht moet blijven op uw rechtsgerichte reacties in plotselinge situaties.

Op rotondes heeft het verkeer op de rotonde voorrang op het aankomend verkeer; overal elders (tenzij anders aangegeven) geeft de meest beleefde bestuurder voorrang, vaak door middel van een handgebaar of een lichtsignaal.

Op zebrapaden, aangegeven door oranje knipperbollen en voorafgegaan door zigzaglijnen hebben voetgangers *altijd* voorrang.

In de bebouwde kom bedraagt de maximum snelheid 30 of 40 mijl per uur (ongeveer 50–60 km per uur), op autosnelwegen 70 mijl per uur (ongeveer 110 km per uur) en op alle andere wegen 60 mijl per uur (ongeveer 100 km per uur).

AUTO – INLICHTINGEN

Parkeren

In de steden worden de parkeertijden door parkeermeters geregeld. Als u uw auto langer wilt laten staan, kunt u het beste een parkeergarage of een openbare parkeerplaats (tegen betaling) opzoeken. Vermijdt parkeerplaatsen met de vermelding *permit holders only*, deze zijn uitsluitend voor abonnees bestemd en u loopt de kans dat uw auto weggesleept wordt. Een gele streep langs de trottoirband betekent een parkeerverbod, een dubbele gele streep een stopverbod. 's Nachts en op zondag is het parkeren bij een gele streep wel toegestaan.

Is er een parkeer-plaats/parkeergarage in de buurt?	**Is there a car park/ a multi-storey car park in the neigh-bourhood?**	iz ðeə ə kaa paak/ ə maltistôôri kaa paak in ðə neebəhoed
Neemt u mij niet kwalijk, mag ik hier parkeren?	**Excuse me, may I park here?**	ekskjōēz mie mee ai paak hieə
Hoe lang mag ik hier parkeren?	**How long may I park here?**	hau long mee ai paak hieə
Hoeveel kost het parkeren hier?	**What's the charge for parking here?**	°°ots ðə tsjaadzj fôô paaking hieə
Hebt u misschien wat kleingeld voor de parkeermeter?	**Have you got some small change for the parking meter?**	hæw jōē ghot sam smôôl tsjeendzj fôô ðə paaking mietə

Verkeerspolitie

Tegenover buitenlanders treedt zij behulpzaam en tolerant op, maar snelheidsovertredingen en automobilisten onder invloed worden streng bestraft. De politie heeft het recht geldboetes ter plaatse te innen.

Het spijt mij, agent, ik heb het bord/licht niet gezien.	**I'm sorry, Officer, I didn't see the sign/light.**	aim sorri offisə ai diddənt sie ðə sain/ lait
Het licht was groen.	**The light was green.**	ðə lait °°oz ghrien
Hoeveel is de boete?	**How much is the fine?**	hau matsj iz ðə fain

Verkeersborden

De bekende internationale verkeersborden gelden over het algemeen ook voor Engeland, maar er zijn ook borden met Engelse opschriften.

BENDS FOR 1 MILE	Bochten over 1 mijl
CATTLE CROSSING	Overstekend vee
DANGER	Gevaar
DIVERSION	Omleiding
EXIT	Uitgang
GIVE WAY	Voorrang verlenen
HALT	Halt
HEIGHT RESTRICTION	Maximum doorrijhoogte
HOSPITAL ZONE	Hospitaalzone
KEEP LEFT	Links houden
LEVEL CROSSING	Overweg
LOW BRIDGE	Lage brug
MAJOR ROAD AHEAD	Nadering voorrangsweg
NO ENTRY	Verboden in te rijden
NO HITCHHIKING	Verboden te liften
NO LEFT (RIGHT) TURN	Verboden links/rechts af te slaan
NO PARKING	Verboden te parkeren
NO WAITING	Wachtverbod
ONE WAY	Eenrichtingsverkeer
REDUCE SPEED NOW	Snelheid verminderen
ROAD WORKS AHEAD	Werk in uitvoering
ROUNDABOUT	Rotonde/verkeersplein
SCHOOL CROSSING	Overstekende schoolkinderen
SLIPPERY WHEN WET	Slipgevaar
SLOW	Langzaam rijden
SPEED CHECKED BY RADAR	Radarsnelheidscontrole
STEEP HILL (ENGAGE LOW GEAR)	Steile helling (terugschakelen)
TEMPORARY ROAD SURFACE	Provisorisch wegdek
TURN ON LIGHTS	Ontsteek uw lichten
WATCH OUT FOR CHILDREN	Opgepast: kinderen
WEIGHT LIMIT	Maximum gewicht
YIELD	Voorrang verlenen

VERKEERSBORDEN, zie ook blz. 160–161

Deel B

Ongevallen

Dit gedeelte houdt zich uitsluitend bezig met de onmiddellijk na een ongeval te nemen maatregelen. De juridische aspecten kunnen later geregeld worden. Uw eerste zorg is voor de gewonden. Draai nummer 999 voor politie, brandweer en ziekenauto.

Is er iemand gewond?	**Is anyone hurt?**	iz enni°°an heut
Beweegt u zich niet.	**Don't move.**	doont mōēw
Het valt wel mee.	**It's all right.**	its ôôl rait
Maakt u zich geen zorgen.	**Don't worry.**	doont °°arri
Waar is de dichtstbijzijnde telefoon?	**Where's the nearest telephone?**	°°eaz ðe nieerist tellifoon
Er is een ongeluk gebeurd.	**There's been an accident.**	ðeaz bien en æksident
Snel. Roep een dokter/ziekenauto!	**Quick. Call a doctor/an ambulance!**	k°°ik. kôôl e dokte/en æmbjoelens
Er zijn gewonden.	**There are people injured.**	ðeeraa piepel indzjed
Help me ze uit de auto te halen.	**Help me get them out of the car.**	help mie ghet ðem aut ow ðe kaa

Politie – Verstrekken van gegevens

Waarschuw de politie, a.u.b.	**Please call the police.**	pliez kôôl ðe pelies
Er is een ongeluk gebeurd. Ongeveer 2 mijl van ...	**There's been an accident. It's about 2 miles from ...**	ðeaz bien en æksident. its ebaut 2 mailz from
Ik bevind me op de weg Birmingham-Coventry, ... mijl van Coventry.	**I'm on the Birmingham-Coventry road, ... miles from Coventry.**	aim on ðe beuminghem-kowwentri rood ... mailz from kowwentri
Hier is mijn naam en adres.	**Here's my name and address.**	hieez mai neem ænd edres

DOKTER, zie blz. 162

AUTO – ONGEVALLEN

Wil u als getuige optreden?	**Would you mind acting as a witness?**	ᵒᵉoed jōē maind ækting æz ə ᵒᵉitnis
Ik wil graag een tolk.	**I'd like an interpreter.**	aid laik ən inteuprítə

Vergeet u niet de rode gevarendriehoek neer te zetten als uw motorpech hebt of uw auto het verkeer belemmert.

Motorpech

… kan iedereen overkomen. Dit onderwerp wordt in vier delen gesplitst:

1. **Onderweg**
   U vraagt naar de dichtstbijzijnde garage.

2. **In de garage**
   U vertelt de monteur wat er aan de hand is.

3. **Het mankement**
   De monteur vertelt u wat er vermoedelijk niet in orde is.

4. **De reparatie**
   U vraagt de monteur het mankement te repareren en als het klaar is betaalt u de rekening (of reclameert daarover).

1. Onderweg

Waar is de dichtstbijzijnde garage?	**Where's the nearest garage?**	ᵒᵉeaz ðə nieərist ghæridzj
Neemt u mij niet kwalijk, ik heb motorpech.	**Excuse me. My car has broken down.**	ekskjōēz mie. mai kaa hæz brookən daun
Mag ik uw telefoon gebruiken?	**May I use your phone?**	mee ai jōēz jôô foon
Wat is het telefoonnummer van de dichtstbijzijnde garage?	**What's the telephone number of the nearest garage?**	ᵒᵉots ðə tellifoon nambə ow ðə nieərist ghæridzj

TELEFOON, zie blz. 139

Ik sta met motorpech in ...	I've had a breakdown at ...	aiw hæd ə **breek**daun æt
Kunt u mij een monteur sturen?	Can you send me a mechanic?	kæn jōē send mie ə məkænik
Kunt u een takelwagen sturen?	Can you send a breakdown lorry?	kæn jōē send ə **breek**daun lorri
Hoe lang gaat het duren?	How long will it take?	hau long °ºil it teek
Moet de politie niet gewaarschuwd worden?	Shouldn't we call the police?	**sjoed**dənt °ºie kôôl ðə pəlies

2. In de garage

Kunt u mij helpen?	Can you help me?	kæn jōē help mie
Ik weet niet wat er aan de auto mankeert.	I don't know what's wrong with the car.	ai doont noo °ºots rong °ºið ðə kaa
Ik denk dat er iets mis is met de/het ...	I think there's something wrong with the ...	ai θink ðeəz **sam**θing rong °ºið ðə
accu	battery	**bæt**əri
automatische transmissie	automatic transmission	ôôtə**mæt**ik trænz**mis**jən
benzinepomp	petrol pump	**pet**rəl pamp
benzinetank	petrol tank	**pet**rəl tænk
bougies	sparking plugs	**spaa**king plaghz
carburator	carburettor	kaabjoe**ret**tə
claxon	horn	hôôn
contact	contact	**kon**tækt
dimschakelaar	dipswitch	**dips**°ºitsj
dynamo	dynamo	**dain**əmoo
elektrische installatie	electrical system	i**lekt**rikəl **sis**təm
filter	filter	**fil**tə
gloeilampen	bulbs	balbz
handrem	handbrake	**hænd**breek
knalpot	silencer	**sai**lənsə
koelsysteem	cooling system	**kōē**ling **sis**təm
koppeling	clutch	klatsj
motor	engine	**end**zjin
ontsteking	ignition	igh**nis**jən
pedaal	pedal	**ped**dəl

pneumatische vering	**pneumatic suspension**	njōēmætik səspensjən
radiator	**radiator**	reedijeetə
reflectors	**reflectors**	riflektəz
remmen	**brakes**	breeks
remolie	**brake fluid**	breek **flōēid**
remvoering	**brake lining**	breek laining
richtingaanwijzer	**direction indicator**	daireksjən indikeetə
ruitenwissers	**windscreen wipers**	°°indskrien °°aipəz
schokbrekers	**shock absorbers**	sjok əbsôôbəz
schuifdak	**sliding roof**	slaiding rōēf
smeersysteem	**lubrication system**	lōēbrikeesjən sistəm
snelheidsmeter	**speedometer**	spiedommitə
starter	**starter**	staatə
stuurinrichting	**steering**	stiēering
uitlaatpijp	**exhaust pipe**	eghzôôst paip
ventilator	**fan**	fæn
vering	**suspension**	səspensjən
verlichting	**lights**	laits
achterlichten	**tail lights**	teel laits
achteruitrijlampen	**reversing lights**	riweusing laits
dimlichten	**dippers**	dippəz
koplampen	**headlights**	hedlaits
parkeerlichten	**parking lights**	paaking laits
remlichten	**brake lights**	breek laits
versnellingen	**gears**	ghieəz
versnellingsbak	**gearbox**	ghieəboks
verwarming	**heating**	hieting
wielen	**wheels**	°°ielz
zitplaats	**seat**	siet

LINKS	RECHTS		VOOR	ACHTER
LEFT	**RIGHT**		**FRONT**	**BACK**
(left)	(rait)		(frant)	(bæk)

Het is …/Het …	It's …	its
beschadigd	**damaged**	dæmidzjd
bevroren	**frozen**	froozən
defect	**faulty**	fôôlti
doorgebrand	**blown**	bloon
droog	**dry**	drai
gebarsten	**cracked**	krækt

geblokkeerd	jammed	dzjæmd
gebroken	broken	brookən
klopt	knocking	nokking
maakt kortsluiting	short-circuiting	sjôôt-**seuk**əting
lekt	leaking	lieking
los	loose	lôēs
losgeraakt	disconnected	diskə**nekt**id
maakt lawaai	noisy	noizi
oververhit	overheating	oowəhieting
slaat over	misfiring	misfairing
slap	slack	slæk
slecht	bad	bæd
slipt	slipping	slipping
trilt	vibrating	wai**bree**ting
verbrand	burnt	beunt
versleten	worn	°°ôôn
werkt niet	not working	not °°euking
zit klem	stuck	stak
zwak	weak	°°iek

De auto start niet.	The car won't start.	ðə kaa °°oont staat
Hij is afgesloten en de sleutels zitten er nog in.	It's locked and the keys are inside.	its lokt ænd ðə kiez aa in**said**
De accu is leeg.	The battery is flat.	ðə **bæt**əri iz flæt
De ventilatorriem is te slap.	The fan belt is too slack.	ðə fæn belt iz tôē slæk
De radiator lekt.	The radiator is leaking.	ðə **ree**dijeetə iz lieking
De motor moet bijgesteld worden.	The idling needs adjusting.	ði **aid**ling niedz ə**dzjas**ting
De koppeling pakt te vlug.	The clutch engages too quickly.	ðə klatsj eng**hee**dzjiz tôē **k°°ik**li
Het stuur trilt.	The steering wheel's vibrating.	ðə **stiee**ring °°ielz wai**bree**ting
De ruitenwissers doen het niet.	The wipers don't work.	ðə °°**aip**əz doont °°euk
De vering is zwak.	The suspension is weak.	ðə səs**pens**jən iz °°iek
Het pedaal moet bijgesteld worden.	The pedal needs adjusting.	ðə **ped**əl niedz ə**dzjas**ting

Nu u duidelijk gemaakt hebt wat er niet in orde is, wilt u weten hoe lang de reparatie gaat duren, zodat u eventueel voorzorgsmaatregelen kunt treffen.

Hoe lang hebt u nodig om het defect te vinden?	**How long will it take to find out what's wrong?**	hau long °ᵉil it teek tōē faind aut °ᵉots rong
Hoe lang duurt de reparatie?	**How long will it take to repair?**	hau long °ᵉil it teek tōē ripeə
Kan ik over een half uurtje terug komen?	**Should I come back in half an hour?**	sjoed ai kam bæk in haaf ən auə
Kunt u een taxi voor nij bestellen?	**Would you call me a taxi?**	°ᵉoed jōē kôôl mie ə tæksi
Kunt u mij naar de stad brengen?	**Can you give me a ride into town?**	kæn jōē ghiw mie ə raid intōē taun
Is er een hotel in de buurt?	**Is there a hotel nearby?**	iz ðeə ə hootel nieəbai
Mag ik uw telefoon gebruiken?	**May I use your phone?**	mee ai jōēz jôô foon

3. Het mankement

Nu moet de monteur de schade opsporen en de reparatie uitvoeren. Als u hem onderstaande Engelse tekst laat lezen, kan hij u aanwijzen wat er mis is.

Please look at the following alphabetical list and point to the defective item. If your customer wants to know what's wrong with it, pick the applicable term from the next list (broken, short-circuited, etc.)*

air filter	luchtfilter
automatic transmission	automatische transmissie
battery	accu
battery cells	accucellen

---

* Wilt u aan de hand van onderstaande alfabetische lijst het defecte onderdeel aanwijzen. Als uw klant wil weten wat daarmee aan de hand is, kiest u dan uit de daaropvolgende lijst de passende uitdrukking (gebroken, kortsluiting, enz.).

bearing	lager
block	motorblok
brake	rem
brake drum/disc	remtrommel/-schijf
brushes	koolborstels
cable	kabel
camshaft	nokkenas
carburettor	carburator
clutch	koppeling
clutch pedal	koppelingspedaal
clutch plate	koppelingsplaat
condensor	condensator
connection	aansluiting
contact	contact
cooling system	koelsysteem
crankcase	carter
crankshaft	krukas
cylinder	cilinder
cylinder head	cilinderkop
cylinder head gasket	cilinderkop-pakking
diaphragm	diafragma
dipswitch	dimschakelaar
distilled water	gedistilleerd water
distributor	verdeler
distributor leads	verdelerkabels
dynamo	dynamo
electrical system	elektrische installatie
engine	motor
exhaust pipe	uitlaatpijp
fan	ventilator
fan belt	ventilatorriem
filter	filter
float	vlotter
gears	versnelling
gearbox	versnellingsbak
gear lever	versnelllingshandel
grease	smeermiddel
ignition coil	ontstekingsspoel/bobine
injection pump	injectiepomp
joint (packing)	verbinding (pakking)
lining	voering
main bearings	hoofdlager
petrol feed	benzinetoevoer
oil filter/pump	oliefilter/-pomp
petrol filter	benzinefilter
petrol pump	benzinepomp

piston	zuiger
piston rings	zuigerveren
pneumatic suspension	pneumatische vering
points	contactpunten
pump	pomp
rack and pinion	tandheugel
radiator	radiator
rings	ringen
shaft	as
shock absorber	schokbreker
shoes	remschoenen
sparking plugs	bougies
sparking plug leads	bougiekabels
springs	veren
stabiliser	stabilisator
starter armature	anker van startmotor
starter motor	startmotor
steering	stuur
steering box	stuurhuis
steering column	stuurkolom
stems	stangen
suspension	vering
suspension spring	ophangveer
tappets	klep
teeth	tanden, tandrad
thermostat	thermostaat
track rod ends	uiteinden van de spoorstang
transmission	transmissie
universal joint	kruiskoppeling
valve	klep
valve spring	klepveer
warning lamp	pechlamp
water pump	waterpomp
wheels	wielen

The following list contains words which describe what's wrong as well as what may need to be done.*

adjust	bijstellen
balance	uitbalanceren
bent	verbogen
bleed	ontluchten
blowing	sluit niet
blown	doorgebrand
broken	gebroken

burnt	verbrand
change	verwisselen
charge	opladen
chipped	afgebroken
clean	schoonmaken
corroded	verroest
cracked	gebarsten
decarbonize	opschuren
defective	defect
deformed	vervormd
dirty	vuil
disconnected	losgeraakt
dry	droog
empty	leeg
frozen	bevroren
grind in	slijpen
high	hoog
jammed	geblokkeerd
knocking	klopt
leaking	lekt
loose	los
loosen	losmaken
low	laag
misfiring	slaat over
overheating	oververhit
play	speling hebben
puncture	lekke band
quick	snel
reline	nieuwe voering aanbrengen
replace	vervangen
short	kort
short-circuited	kortsluiting
slack	slap
slipping	slipt
strip down	demonteren
stuck	klemt
tighten	aanspannen
vibrating	trilt
warped	verbogen
weak	zwak
weld	gelast
worn	versleten

AUTO – REPARATIES

---

* De volgende lijst bevat uitdrukkingen, die beschrijven wat er aan de auto mankeert en wat er aan gedaan moet worden.

4. De reparatie

Hebt u het mankement gevonden?	**Have you found the trouble?**	hæw joē faund ðe trabbel

Nu u ongeveer of precies weet wat er niet in orde is, vraagt u:

Is het ernstig?	**Is it serious?**	iz it sieeries
Kunt u het repareren?	**Can you repair it?**	kæn joē ripee it
Kunt u het meteen maken?	**Can you repair it at once?**	kæn joē ripee it æt °eans
Wat gaat het kosten?	**What's it going to cost?**	°eots it ghooing toē kost
Hebt u de benodigde reserveonderdelen?	**Do you have the necessary spare parts?**	doē joē hæw ðe nesseseri spee paats

En als de monteur „nee" zegt?

Waarom kunt u het niet maken?	**Why can't you do it?**	°eai kaant joē doē it
Is dat onderdeel beslist nodig?	**Is it essential to have that part?**	iz it isensjel toē hæw ðæt paat
Hoe lang duurt het voor u de reserve-onderdelen hebt?	**How long is it going to take to get the spare parts?**	hau long iz it ghooing toē teek toē ghet ðe spee paats
Waar is de dichtst-bijzijnde garage die het wel kan maken?	**Where's the nearest garage that can repair it?**	°eeez ðe nieerist ghæridzj ðæt kæn ripee it
Kunt u het zo repareren dat ik er nog mee tot ... kan komen?	**Can you fix it up so that I can get as far as ...?**	kæn joē fiks it ap soo ðæt ai kæn ghet æz faa æz

Als u echt klem zit, kunt u het beste vragen of u de auto in de garage kunt achterlaten. Daarna kunt u contact opnemen met uw automobielclub of een andere auto huren.

Rekening

Is alles weer in orde?	**Is everything all right?**	iz ewriθing ôôl rait
Hoeveel ben ik u schuldig?	**How much do I owe you?**	hau matsj dôō ai oo jôō
Neemt u reischeques aan?	**Do you accept traveller's cheques?**	dôō jôō əksept træwələz tsjeks
Kan ik met deze credit card betalen?	**Can I pay with this credit card?**	kæn ai pee °°ið ðis kreddit kaad
Neemt u buitenlandse valuta aan?	**Do you accept foreign money?**	dôō jôō əksept forrin manni
Waar is de dichtst- bijzijnde bank?	**Where's the nearest bank?**	°°eəz ðə nieərist bænk
Ik moet eerst wat geld wisselen.	**I have to change some money.**	ai hæw tôē tsjeendzj sam manni
Hartelijk dank voor uw hulp.	**Thanks very much for your help.**	θænks werri matsj fôô jôô help

Als u echter de indruk hebt dat de reparatie slordig is uitge-voerd of dat men u teveel berekend heeft, vraag dan om een gespecificeerde rekening. Eventueel kunt u deze eerst nog laten vertalen voordat u betaalt.

Ik wil graag eerst de rekening contro- leren.	**I'd like to check the bill first.**	aid laik tôē tsjek ðə bil feust
Wilt u een gespeci- ficeerde rekening opmaken?	**Will you itemize the work done?**	°°il jôō aitəmaiz ðə °°euk dan

Als de garage niet toegeeft en u er nog steeds van overtuigd bent dat u gelijk hebt, haal er dan een expert bij.

Verkeersborden

kruising

scherpe bocht
naar links

stop! verplicht
voorrang
verlenen

voorrang
verlenen

steile
afdaling

steile
helling

verkeersplein

gevaar

stop,
kinderen

voorrang ver-
lenen na 100
yard

versmalde
rijbaan

snelheid
verminderen

naderende
uitrit

bewaakte over-
weg

onbewaakte
overweg

nadering
overweg

eenrichtings-
verkeer

links en rechts
inhalen
toegestaan

**Waiting
Limited
8 am-6 pm
20 minutes
in any hour**

maximale
parkeertijd
20 minuten
van 8–18 uur

einde van
het verbod

**AUTOMATIC
BARRIERS
STOP
when
lights show**

automatisch
bewaakte
overweg

naderende
tweebaansweg

**Motorway
M 10 (M 1)**

voorwegwijzer
autosnelweg

ringweg

**Road
clear**
vrije doorgang

bus rijdt in
dezelfde rich-
ting als het
verkeer

bus rijdt in
tegenover-
gestelde richting
als het verkeer

**Single track
road**
gversmalling:
nbaansweg

**Single file
traffic**
wegversmalling:
één rijstrook
per verkeers-
richting

Patrol
verkeers-
brigadiertjes

**Except for
access**
alleen toegang
voor aan-
wonenden

Dokter

Laten we eerlijk zijn, wat hebt u aan een taalgids als u ernstig ziek of gewond bent. In dat geval is één zinnetje voldoende:

Haal snel een dokter!	**Get a doctor, quickly!**	ghet ə doktə kʰoeikli

Maar er zijn ook kleine stoornissen, pijntjes en kwalen, die uw zo goed voorbereide reis kunnen verknoeien. In die gevallen kunnen wij u, en misschien de dokter, van dienst zijn.

Mochten er enkele onduidelijkheden in het gesprek voorkomen wegens taalproblemen, dan kunt u op op de volgende bladzijden misschien raad vinden. Op de bladzijden 165 tot 171 vindt u uw aandeel in het gesprek op de bovenste helft van de pagina en het aandeel van de dokter eronder.

Het hele hoofdstuk is in drie delen gesplitst: ziektes, verwondingen, nerveuze aandoeningen. Bladzijde 171 gaat over recepten en honoraria.

Algemeen

Kunt u een dokter halen?	**Can you get me a doctor?**	kæn jōē ghet mie ə doktə
Is er hier een dokter?	**Is there a doctor here?**	iz ðeə ə doktə hieə
Wilt u onmiddellijk een dokter bellen, a. u. b.?	**Please call a doctor at once.**	pliez kôôl ə doktə æt ˚ans
Waar is de praktijk?	**Where is the doctor's surgery?**	˚eəriz ðə doktəz seudzjəri
Hoe laat is het spreekuur?	**What are the surgery hours?**	˚ot aa ðə seudzjəri auəz
Kan de dokter me hier komen onderzoeken?	**Could the doctor come to see me here?**	koed ðə doktə kam tōē sie mie hieə

APOTHEEK, zie blz. 104

| Wanneer kan de dokter komen? | When can the doctor come? | ᵒᵉen kæn ðə **dokt**ə kam |
| Wilt u het Nederlandse/Belgische consulaat bellen, a.u.b.? | Will you please call the Dutch/Belgian consulate? | ᵒᵉil jōē pliez kôôl ðə datsj/**beld**zjən **kon**sioelət |

De nationale gezondheidszorg (*National Health Service – NHS –* næsjənəl helθ **seu**wis) verleent gratis medische hulp, ook aan buitenlanders, vooropgesteld dat deze niet juist om die reden naar Engeland gekomen zijn. Als u in Engeland ziek wordt, gaat u eerst naar een huisarts (*general practitioner –* dzjennərəl **præk**tisjənə), die een diagnose kan stellen en u eventueel naar een specialist of een ziekenhuis kan verwijzen.

Voor u naar de dokter gaat kunt u met behulp van dit hoofdstuk alvast de antwoorden opzoeken op drie vragen, die de dokter u ongetwijfeld over uw klachten zal stellen: wat, waar en hoe lang al?

Het lichaam

ader	vein	ween
amandelen	tonsils	tonsilz
arm	arm	aam
been	leg	legh
blaas	bladder	**blæd**ə
blindedarm	appendix	əpendiks
bloed	blood	blad
borst	breast	brest
borstkas	chest	tsjest
bot	bone	boon
darmen	bowels	**bau**əlz
dij	thigh	θai
duim	thumb	θam
elleboog	elbow	**el**boo
enkel	ankle	**æn**kəl
galblaas	gall bladder	ghôôl **blæd**ə
gewricht	joint	dzjoint
gezicht	face	fees
haar	hair	heə

DOKTER

hals	throat	θroot
hand	hand	hænd
hart	heart	haat
heup	hip	hip
hiel	heel	hiel
hoofd	head	hed
huid	skin	skin
kaak	jaw	dʒôô
keel	throat	θroot
kin	chin	tsjin
klier	gland	ghlænd
knie	knee	nie
knieschijf	knee-cap	niekæp
lever	liver	liwwə
lip	lip	lip
long	lung	lang
maag	stomach	stammək
mond	mouth	mauθ
nagel	nail	neel
nek	neck	nek
neus	nose	nooz
nier	kidney	kidni
oog	eye	ai
oor	ear	ieə
pees	tendon	tendən
penis	penis	pienis
pols	wrist	rist
rib	rib	rib
rug	back	bæk
ruggegraat	spine	spain
scheenbeen	shin	sjin
schouder	shoulder	sjooldə
slagader	artery	aatəri
sleutelbeen	collarbone	kolləboon
spier	muscle	massəl
teen	toe	too
tong	tongue	tang
urine	urine	jôôrin
vagina	vagina	wədzjainə
vinger	finger	finghə
voet/voeten	foot/feet	foet/fiet
voorhoofd	forehead	fôôhed
wang	cheek	tsjiek
wervelkolom	spine	spain
zenuw	nerve	neuw
zenuwstelsel	nervous system	neuwəs sistəm

PATIËNT

1. Ziekten

Ik voel me niet goed.	**I'm not feeling well.**	aim not fieling ᵒᵉel
Ik ben ziek.	**I'm ill.**	aim il
Ik heb hier pijn.	**I've got a pain here.**	aiw ghot ə peen hieə
Zijn/Haar ... doet pijn.	**His/Her ... hurts.**	hiz/heu... heuts
Ik heb ...	**I've got a ...**	aiw ghot ə
hoofdpijn	**headache**	hedeek
keelpijn	**sore throat**	sôô θroot
koorts	**fever**	fiewə
maagpijn	**stomachache**	stamməkeek
rugpijn	**backache**	bækeek
Ik heb overgeven.	**I've been vomiting.**	aiw bien wommiting
Ik heb last van verstopping.	**I'm constipated.**	aim konstipeetid

---

DOKTER

1. Illness

What's the trouble?	Wat scheelt eraan?
Where does it hurt?	Waar doet het pijn?
What kind of pain is it?	Wat voor soort pijn is het?
dull/sharp/throbbing constant/on-and-off	doffe/stekende/kloppende constante/wisselende
How long have you had this pain?	Hoe lang hebt u deze pijn al?
How long have you been feeling like this?	Hoe lang voelt u zich al zo?
Roll up your sleeve, please.	Wilt u uw mouw oprollen?
Please undress (down to the waist).	Wilt u zich uitkleden (alleen het bovenlichaam).

DOKTER

PATIËNT

Ik voel me ...	I feel ...	ai fiel
duizelig	**dizzy**	dizzi
koortsig	**feverish**	fiewərisj
misselijk	**nauseous**	nôôsiəs
ziek/zwak	**sick/weak**	sik/oeiek
Hij/Zij heeft ... graden koorts.	**He's/She's got ... degrees fever.**	hiez/sjiez ghot... dəghriez fiewə
Ik heb (een) ...	**I've got ...**	aiw ghot
aambeien	**haemorrhoids**	hemmeroidz
amandelontsteking	**tonsilitis**	tonsilaitis
astma	**asthma**	æsmə
breuk	**a hernia**	ə heuniə
bronchitis	**bronchitis**	bronkaitis
diarree	**diarrhoea**	daiərieə
griep	**flu**	flôē
hartkloppingen	**palpitations**	pælpiteesjənz
hoest	**a cough**	ə kof
hooikoorts	**hay fever**	hee fiewə
indigestie	**indigestion**	indidzjestsjən
jeuk	**an itch**	ən itsj

DOKTER

Please lie down over here.	Wilt u hier even gaan liggen?
Open your mouth.	Doet u uw mond eens open.
Breathe deeply.	Diep ademhalen.
Cough, please.	Hoest u eens.
I'll take your blood pressure/ temperature.	Ik ga uw bloeddruk meten/ temperatuur opnemen.
Is this the first time you've had this?	Hebt u dit voor het eerst?
I'll give you ...	Ik zal u (een) ... geven.
an antibiotic	antibioticum
an injection	injectie
some pills/powders/tablets	pillen/poeders/tabletten
some suppositories	zetpillen
I want a specimen of your blood/stools/urine.	Ik wil uw bloed/ontlasting/ urine onderzoeken.

DOKTER

PATIËNT

krampen	**cramps**	kræmps
maagzuur	**heartburn**	haatbeun
menstruatiepijn	**period pains**	pieriəd peenz
neusbloeding	**a nosebleed**	ə noozblied
ochtendmisselijkheid	**morning sickness**	môôning siknis
oorpijn	**earache**	ieəreek
reumatiek	**rheumatism**	rōōmatizəm
rillingen	**shivers**	sjiwwəz
spijsverterings- stoornissen	**indigestion**	indidzjestsjən
stijve nek	**a stiff neck**	ə stif nek
uitslag	**a rash**	ə ræsj
verkoudheid	**a cold**	ə koold
zonnesteek	**a sunstroke**	ə sanstrook
Het is niets ernstigs, hoop ik?	**It's nothing serious, I hope?**	its naθing sieəriəs ai hoop
Is het besmettelijk?	**Is it contagious?**	iz it kənteedzjəs
Kunt u mij medicijnen voorschrijven?	**I'd like you to prescribe some medicine for me.**	aid laik jōē tōē priskraib sam medsin fôô mie

---

DOKTER

It's nothing serious.	Het is niets ernstigs.
You've got ...	U hebt ...
appendicitis	blindedarmontsteking
arthritis	artritis
biliary colics	galstenen
cystitis	blaasontsteking
flu	griep
food poisoning	voedselvergiftiging
gastric flu	buikgriep
gastritis	maagontsteking
an inflamed throat	ontstoken keel
inflammation of ...	... ontsteking
inflammation of the middle ear	middenoorontsteking
pneumonia	longontsteking
sinusitis	voorhoofdsholteontsteking
an ulcer	een zweer
I want you to see a specialist.	Ik stuur u door naar een specialist.

PATIËNT

Ik ben suikerpatiënt.	**I'm a diabetic.**	aim ə daiəbettik
Ik heb een hartkwaal.	**I've a cardiac condition.**	aiw ə **kaa**dijæk kən**dis**jən
Ik heb in ... een hartaanval gehad.	**I had a heart attack in ...**	ai hæd ə haat ətæk in
Ik ben allergisch voor ...	**I'm allergic to ....**	aim əleudzjik tōē
Gewoonlijk gebruik ik dit medicijn.	**This is my usual medicine.**	ðis iz mai j**ōē**zjoeəl **med**sin
Ik heb dit genees- middel nodig.	**I need this medicine.**	ai nied ðis **med**sin
Ik verwacht een baby.	**I'm expecting a baby.**	aim ek**spek**ting ə **bee**bi
Ik ben in de ... maand.	**I'm in my ... month.**	aim in mai... manθ
Mag ik reizen?	**Can I travel?**	kæn ai **træ**wəl

DOKTER

What dose of insulin are you taking?	Hoeveel insuline gebruikt u?
Injection or oral?	Als injecties of neemt u tabletten in?
You've had a (mild) heart attack.	U hebt een (lichte) hartaanval gehad.
What treatment are you having?	Welke behandeling krijgt u?
What medicine are you taking?	Welke medicijnen gebruikt u?
What's your normal dose?	Hoeveel neemt u er gewoonlijk?
Do you suffer from any allergies?	Bent u ergens allergisch voor?
We don't use ... here. This is similar.	We hebben hier geen ... Dit is iets dergelijks.
You can't travel until ...	U mag niet voor ... verder reizen.

DOKTER

PATIËNT

2. Verwondingen

Wilt u eens naar deze ... kijken?	**Could you have a look at this ...?**	koed jōē hæw ə loek æt ðis
beet	**bite**	bait
blaar	**blister**	blistə
brandwond	**burn**	beun
bult	**lump**	lamp
insektenbeet	**insect bite**	insekt bait
kneuzing	**bruise**	brōēz
schaafwond	**graze**	ghreez
snijwond	**cut**	kat
steek	**sting**	sting
steenpuist	**boil**	boil
uitslag	**rash**	ræsj
wond	**wound**	ºeōēnd
zwelling	**swelling**	sºeelling
Ik kan ... niet bewegen. Het doet pijn.	**I can't move ... It hurts.**	ai kaant mōēw... it heuts

DOKTER

DOKTER

2. Wounds

It's (not) infected.	Het is (niet) ontstoken.
You've got a slipped disk/sciatica.	U hebt hernia/ischias.
I'd like you to have an X-ray.	Er moet een röntgenfoto gemaakt worden.
It's ...	Het is ...
broken/dislocated torn/sprained	gebroken/ontwricht gescheurd/verstuikt
You've pulled a muscle.	U hebt een spier verrekt.
I'll give you a painkiller/an antiseptic.	Ik zal u een pijnstillend/antiseptisch middel geven.
Have you been vaccinated against tetanus?	Bent u tegen tetanus ingeënt?
I'd like you to come back in ... days.	Komt u over ... dagen nog eens terug.

LICHAAMSDELEN, zie blz. 163

PATIËNT

3. Nerveuze aandoeningen

Ik ben erg nerveus.	**I'm in a nervous state.**	aim in ə **neuwəs** steet
Ik ben neerslachtig.	**I'm feeling depressed.**	aim **fieling** di**prest**
Ik heb last van angstgevoelens.	**I'm suffering anxiety.**	aim **saffəring** ǽngzaiəti
Ik eet/slaap slecht.	**I can't eat/sleep.**	ai kaant iet/sliep
Kunt u mij (een) ... voorschrijven?	**Can you pre-scribe ...?**	kæn joē pri**skraib**
kalmeringsmiddel	**a tranquilliser**	ə trænk°°ilaizə
opwekkend middel	**an antidepressant**	ən æntidpressənt
slaaptabletten	**some sleeping pills**	sam **slie**ping pilz
Graag een niet te sterk middel.	**I don't want any-thing too strong.**	ai doont °°ont enniθing tōē strong

---

DOKTER

3. Nervous tension

You're suffering from nervous tension.	U hebt last van nerveuze spanningen.
You need a rest.	U hebt rust nodig.
What pills have you been taking?	Welke pillen hebt u tot nu toe ingenomen?
How many a day?	Hoeveel per dag?
How long have you been feeling like this?	Hoe lang hebt u deze klachten al?
I'll prescribe some pills.	Ik zal u wat pillen voorschrijven.
I'll give you a tranquilliser.	Ik zal u een kalmeringsmiddel geven.
You should learn how to relax.	U moet leren zich te ontspannen.
This will see you through until you get home.	Met dit middel kunt u voorlopig verder.

DOKTER

PATIËNT

Recepten en dosering

Wat voor soort geneesmiddel is dat?	**What kind of medicine is that?**	ᵒᵉot kaind ow **meds**in iz ðæt
Hoeveel keer per dag moet ik het innemen?	**How many times a day should I take it?**	hau **men**ni taimz ə dee sjoed ai teek it
Moet ik ze heel doorslikken?	**Must I swallow them whole?**	mast ai **sᵒᵉ**olloo ðem hool

Honorarium

Wordt dit gedekt door de National Health Service?	**Is this covered by the National Health Service?**	iz ðis **kaww**əd bai ðə **nes**jənəl helθ **seuw**is
Zal ik meteen betalen of stuurt u een rekening?	**Do I pay you now or will you send me your bill?**	dᴏ̄ē ai pee jᴏ̄ē nau ᴏ̂ᴏ̂ ᵒᵉil jᴏ̄ē send mie jᴏ̂ᴏ̂ bil
Kan ik een kwitantie krijgen voor de ziekte-kostenverzekering?	**May I have a receipt for my health insurance?**	mee ai hæw ə ri**siet** fᴏ̂ᴏ̂ mai helθ **insjᴏ̄ēr**əns

DOKTER

Prescription and dosage

Take ... teaspoons of this medicine every ... hours.	Neemt u ... theelepeltjes van dit medicament om de ... ur.
Take ... pills with a glass of water.	Neemt u ... pillen met een glas water.
... times a day before each meal after each meal in the morning at night in case of pain for ... days	... maal daags voor elke maaltijd na elke maaltijd 's morgens 's avonds bij pijn gedurende ... dagen

Fee

Can you pay me now, please?	Kunt u nu meteen betalen?
I'll send you the bill.	Ik zal u de rekening sturen.

GETALLEN, zie blz. 175

DOKTER

Tandarts

Kunt u mij een goede tandarts aanbevelen?	**Can you recommend a good dentist?**	kæn joē rekəmend ə ghoed dentist
Kan ik een (spoed) afspraak maken met dokter ...?	**Can I make an (urgent) appointment to see Mr ...?**	kæn ai meek ən (eudzjənt) əpointmənt tōē sie mistə
Kan het echt niet eerder?	**Can't you possibly make it earlier than that?**	kaant jōē possibli meek it euliə ðæn ðæt
Ik heb kiespijn.	**I've got a toothache.**	aiw ghot ə tōēθeek
Ik heb een abces.	**I've an abscess.**	aiw ən æbses
Deze tand doet pijn.	**This tooth hurts.**	ðis tōēθ heuts
bovenin	**at the top**	æt ðə top
onderin	**at the bottom**	æt ðə bottəm
voorin	**in the front**	in ðə frant
achterin	**at the back**	æt ðə bæk
Kunt u het provisorisch behandelen?	**Can you fix it up temporarily?**	kæn jōē fiks it ap temprəli
Wilt u het plaatselijk verdoven?	**Please give me a local anaesthetic.**	pliez ghiw mie ə lookəl ænisθettik
Ik wil hem niet laten trekken.	**I don't want it extracted.**	ai doont ºeont it ekstræktid
Ik ben een vulling kwijt.	**I've lost a filling.**	aiw lost ə filling
Het tandvlees ...	**The gum is ...**	ðə gham iz
bloedt	**bleeding**	blieding
is pijnlijk	**sore**	sôô

Kunstgebit

| Mijn gebit is gebroken. | **I've broken this denture.** | aiw brookən ðis dentsjə |
| Kunt u dit gebit repareren? | **Can you repair this denture?** | kæn jōē ripeə ðis dentsjə |

Opticiën

Mijn bril is kapot.	I've broken my glasses.	aiw brooken mai ghlaasiz
Kunt u hem repareren?	Can you repair them for me?	kæn jōē ripeə ðem fôô mie
Wanneer is hij klaar?	When will they be ready?	°een °e il ðee bie reddi
Kunt u er andere glazen inzetten?	Can you change the lenses?	kæn jōē tsjeendzj ðə lenziz
Ik wil graag gekleurde glazen.	I'd like tinted lenses.	aid laik tintid lenziz
Ik wil mijn ogen laten controleren.	I'd like to have my eyesight checked.	aid laik tōē hæw mai aisait tsjekt
Ik ben bijziend/ verziend.	I'm short-sighted/ long-sighted.	aim sjôôtsaitid/ longsaitid
Ik wil graag een brillekoker.	I'd like a spectacle case.	aid laik ə spektəkəl kees
Ik wil graag contactlenzen.	I'd like some contact lenses.	aid laik sam kontækt lenziz
Ik heb een contactlens verloren.	I've lost a contact lens.	aiw lost ə kontækt lenz
Kunt u mij aan een andere lens helpen?	Could you give me another lens?	koed jōē ghiw mie ənaðə lenz
Ik heb harde/ zachte lenzen.	I've hard/soft lenses.	aiw haad/soft lenziz
Hebt u vloeistof voor contactlenzen?	Have you some liquid for contact lenses?	hæw jōē sam lik°eid fôô kontækt lenziz
Graag een kleine/ grote fles.	A small/large bottle, please.	ə smôôl/laadzj bottəl pliez
Ik wil graag een zonnebril.	I'd like a pair of sun-glasses, please.	aid laik ə peə ow sanghlaasiz pliez
Mag ik eens in de spiegel kijken?	May I look in a mirror?	mee ai loek in ə mirrə
Ik wil graag een verrekijker.	I'd like a pair of binoculars.	aid laik ə peə ow binokjoeləz
Hoeveel ben ik u schuldig?	How much do I owe you?	hau matsj dōē ai oo jōē

Naslagrubriek

Steden

Antwerpen	**Antwerp**	**ænt°°eup**
Brussel	**Brussels**	**brassəlz**
Den Haag	**The Hague**	**ðə heegh**
Londen	**London**	**landən**
Parijs	**Paris**	**pæris**
Wenen	**Vienna**	**wiennə**

Landen

België	**Belgium**	**beldzjəm**
Canada	**Canada**	**kænədə**
Denemarken	**Denmark**	**denmaak**
Engeland	**England**	**inglənd**
Finland	**Finland**	**finlənd**
Frankrijk	**France**	**fraans**
Griekenland	**Greece**	**ghries**
Groot-Brittannië	**Great Britain**	**ghreet brittən**
Ierland	**Ireland**	**aiələnd**
Italië	**Italy**	**ittəli**
Nederland	**The Netherlands**	**ðə neðələndz**
Noorwegen	**Norway**	**nôô°°ee**
Oost-Duitsland	**East Germany**	**iest dzjeuməni**
Ooestenrijk	**Austria**	**ostrijə**
Portugal	**Portugal**	**pôôtsjoeghəl**
Schotland	**Scotland**	**skotlənd**
Sovjetunie	**Soviet Union**	**soowjet jōēnjən**
Spanje	**Spain**	**speen**
Verenigde Staten	**U.S.A. (United States)**	**jōē es ee (jōēnaitid steets)**
West-Duitsland	**West Germany**	**°°est dzjeuməni**
Zweden	**Sweden**	**s°°iedən**
Zwitserland	**Switzerland**	**s°°itsələnd**

... en werelddelen

Afrika	**Africa**	**æfrikə**
Australië	**Australia**	**ôôstreelijə**
Azië	**Asia**	**eesjə**
Europa	**Europe**	**jōērəp**
Noord-Amerika	**North America**	**nôôθ əmerrikə**
Zuid-Amerika	**South America**	**sauθ əmerrikə**

Getallen

0	zero *of* „0"	zieroo *of* oo
1	one	^{oe}an
2	two	toē
3	three	θrie
4	four	fôô
5	five	faiw
6	six	siks
7	seven	sewwən
8	eight	eet
9	nine	nain
10	ten	ten
11	eleven	ilewwən
12	twelve	toeelw
13	thirteen	θeutien
14	fourteen	fôôtien
15	fifteen	fiftien
16	sixteen	sikstien
17	seventeen	sewwəntien
18	eighteen	eetien
19	nineteen	naintien
20	twenty	toeenti
21	twenty-one	toeentioean
22	twenty-two	toeentitoē
23	twenty-three	toeentiθrie
24	twenty-four	toeentifôô
25	twenty-five	toeentifaiw
26	twenty-six	toeentisiks
27	twenty-seven	toeentisewwən
28	twenty-eight	toeentieet
29	twenty-nine	toeentinain
30	thirty	θeuti
31	thirty-one	θeutioean
32	thirty-two	θeutitoē
33	thirty-three	θeutiθrie
40	forty	fôôti
41	forty-one	fôôtioean
42	forty-two	fôôtitoē
43	forty-three	fôôtiθrie
50	fifty	fifti
51	fifty-one	fiftioean
52	fifty-two	fiftitoē
53	fifty-three	fiftiθrie
60	sixty	siksti
61	sixty-one	sikstioean
62	sixty-two	sikstitoē

63	sixty-three	siksti θrie
70	seventy	sewwənti
71	seventy-one	sewwənti°°ən
72	seventy-two	sewwəntitōē
80	eighty	eeti
81	eighty-one	eeti°°ən
82	eighty-two	eetitōē
90	ninety	nainti
91	ninety-one	nainti°°ən
92	ninety-two	naintitōē
100	one hundred	°°ən handrəd
101	one hundred and one	°°ən handrəd ænd °°ən
102	one hundred and two	°°ən handrəd ænd tōē
103	one hundred and three	°°ən handrəd ænd θrie
110	one hundred and ten	°°ən handrəd ænd ten
120	one hundred and twenty	°°ən handrəd ænd t°°enti
130	one hundred and thirty	°°ən handrəd ænd θeuti
140	one hundred and forty	°°ən handrəd ænd fôôti
150	one hundred and fifty	°°ən handrəd ænd fifti
160	one hundred and sixty	°°ən handrəd ænd siksti
170	one hundred and seventy	°°ən handrəd ænd sewwənti
180	one hundred and eighty	°°ən handrəd ænd eeti
190	one hundred and ninety	°°ən handrəd ænd nainti
200	two hundred	tōē handrəd
300	three hundred	θrie handrəd
400	four hundred	fôô handrəd
500	five hundred	faiw handrəd
600	six hundred	siks handrəd
700	seven hundred	sewwən handrəd
800	eight hundred	eet handrəd
900	nine hundred	nain handrəd
1000	one thousand	°°ən θauzənd
1100	one thousand one hundred	°°ən θauzənd °°ən handrəd
1200	one thousand two hundred	°°ən θauzənd tōē handrəd
1300	one thousand three hundred	°°ən θauzənd θrie handrəd
2000	two thousand	tōē θauzənd
5000	five thousand	faiw θauzənd
10 000	ten thousand	ten θauzənd
50 000	fifty thousand	fifti θauzənd
100 000	one hundred thousand	°°ən handrəd θauzənd
1 000 000	one million	°°ən miljən

eerste	**first (1st)**	feust
tweede	**second (2nd)**	**se**kkənd
derde	**third (3rd)**	θeud
vierde	**fourth (4th)**	fôôθ
vijfde	**fifth (5th)**	fifθ
zesde	**sixth (6th)**	siksθ
zevende	**seventh (7th)**	**se**wwənθ
achtste	**eighth (8th)**	eetθ
negende	**ninth (9th)**	nainθ
tiende	**tenth (10th)**	tenθ
honderdste	**hundredth (100th)**	**ha**ndrədθ
duizendste	**thousandth (1000th)**	θauzənθ
eenmaal	**once**	ᵒᵉans
tweemaal	**twice**	tᵒᵉais
driemaal	**three times**	θrie taimz
half	**half**	haaf
de helft van ...	**half of ...**	haaf ow
een kwart	**a quarter**	ə k**ᵒᵉ**ôôtə
een derde	**a third**	ə θeud
een paar	**a pair**	ə peə
een dozijn	**a dozen**	ə **da**zzən
een half dozijn	**half a dozen**	haaf ə **da**zzən
de 20e eeuw	**the twentieth century**	ðə t**ᵒᵉ**entieθ **se**ntsjəri
de twintiger jaren	**the twenties**	ðə t**ᵒᵉ**entiez
de zeventiger jaren	**the seventies**	ðə **se**wwəntiez
Hoe oud bent u?	**How old are you?**	hau oold aa jōē
Ik ben 26 jaar.	**I'm twenty-six.**	aim t**ᵒᵉ**entisiks
Wanneer bent u jarig?.	**When's your birthday?**	ᵒᵉenz jôô beuθdee
Ik ben in 1940 geboren.	**I was born in 1940.**	ai ᵒᵉoz bôôn in 1940
1984	**nineteen eighty-four**	naintien eetifôô
1985	**nineteen eighty-five**	naintien eetifaiw
1987	**nineteen eighty-seven**	naintien ettisewwən
1990	**nineteen ninety**	naintien nainti

De tijd

a quarter past twelve
(ə **k**°°ôôtə paast t°°elw)

twenty past one
(t°°enti paast °°an)

half past three*
(haaf paast θrie)

twenty-five to five
(t°°entifaiw tōē faiw)

twenty to six
(t°°enti tōē siks)

a quarter to seven
(ə **k**°°ôôtə tōē sewwən)

five to nine
(faiw tōē nain)

ten o'clock
(ten əklok)

five past eleven
(faiw paast ilewwən)

TIJDSVERSCHIL. Groot-Brittannië ligt in de Westeuropese tijdzone, zodat het er in beginsel één uur vroeger is dan in Nederland en België, waar de Middeneuropese tijd geldt. 's Zomers wordt er evenals bij ons de klok één uur vooruitgezet, zodat het verschil van één uur blijft bestaan. De perioden overlappen elkaar echter enigszins, zodat u zich goed op de hoogte moet stellen.

Voor wat betreft de tijdsaanduiding is het nuttig om te weten, dat de Engelsen de uren vóór 12 uur 's middags aanduiden met de letters a.m. *(ante meridiem)* en de uren na 12 uur 's middags met de letters p.m. *(post meridiem).* Tien uur 's morgens schrijft men dus als 10 a.m. en drie uur 's middags (15 uur bij ons) als 3 p.m.

---

* letterlijk: half na drie

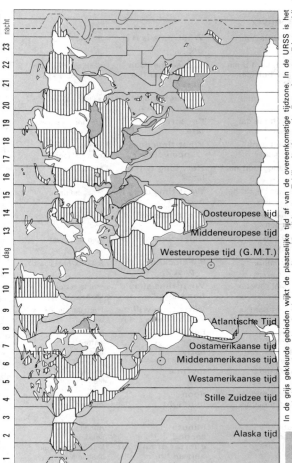

NASLAGRUBRIEK

In de grijs gekleurde gebieden wijkt de plaatselijke tijd af van de overeenkomstige tijdzone. In de URSS is het overal één uur later dan in de overeenkomstige tijdzones. Talrijke landen gebruiken de zomertijd, waarbij 's zomers de klok één uur vooruit gezet wordt om langer van het daglicht te profiteren.

midder-
nacht

mid-
dag

Oosteuropese tijd

Middeneuropese tijd

Westeuropese tijd (G.M.T.)

Atlantische Tijd

Oostamerikaanse tijd

Middenamerikaanse tijd

Westamerikaanse tijd

Stille Zuidzee tijd

Alaska tijd

Wanneer?

NASLAGRUBRIEK

Nederlands	English	Uitspraak
Hoe laat is het?	**What time is it?**	°°ot taim iz it
Het is ...	**It's ...**	its
Pardon, kunt u mij zeggen hoe laat het is?	**Excuse me. Can you tell me the time?**	ekskjōēz mie. kæn jōē tel mie ðə taim
Ik tref u morgen om ...	**I'll meet you at ... tomorrow.**	ail miet jōē æt... təmorroo
Het spijt me dat ik te laat ben.	**I'm sorry I'm late.**	aim sorri aim leet
Hoe laat gaat ... open/dicht?	**What time does ... open/close?**	°°ot taim daz... oopən/klooz
Hoe lang duurt het?	**How long will it last?**	hau long °°il it laast
Hoe laat begint het?	**What time does it begin?**	°°ot taim daz it bighin
Hoe laat is het afgelopen?	**What time will it end?**	°°ot taim °°il it end
Kan ik om ... komen?	**Can I come at ...?**	kæn ai kam æt
8 uur/half 3	**8 o'clock/half past 2**	8 əklok/haaf paast 2
Hoe laat moet ik er zijn?	**What time should I be there?**	°°ot taim sjoed ai bie ðeə
Hoe laat bent u er?	**What time will you be there?**	°°ot taim °°il jōē bie ðeə
voor/ervoor	**before**	bifôô
na/erna	**after**	aaftə
vroeg	**early**	euli
op tijd	**in time**	in taim
stipt op tijd	**on time**	on taim
laat	**late**	leet
12 uur 's middags	**noon**	nōēn
12 uur 's nachts	**midnight**	midnait
uur	**hour**	auə
minuut	**minute**	minnit
seconde	**second**	sekkənd
kwartier	**quarter of an hour**	k°°ôôtə ow ən auə
half uur	**half an hour**	haaf ən auə

GETALLEN, zie blz. 175

Dagen van de week

Welke dag is het vandaag?	**What day is it today?**	ᵒᵉot dee iz it tədee
Het is zondag.	**It's Sunday.**	its sandi
maandag	**Monday**	mandi
dinsdag	**Tuesday**	tjōēzdi
woensdag	**Wednesday**	ᵒᵉenzdi
donderdag	**Thursday**	θeuzdi
vrijdag	**Friday**	fraidi
zaterdag	**Saturday**	sætədi
's morgens	**in the morning**	in ðə môôning
's middags	**in the afternoon**	in ði aaftənōēn
's avonds	**in the evening**	in ði iewning
overdag	**during the day**	djōēring ðə dee
's nachts	**at night**	æt nait
om 12 uur 's middags	**at noon**	æt nōēn
om middernacht	**at midnight**	æt midnait
eergisteren	**the day before yesterday**	ðə dee bifôô jestədi
gisteren	**yesterday**	jestədi
vandaag	**today**	tədee
morgen	**tomorrow**	təmorroo
overmorgen	**the day after tomorrow**	ðə dee aaftə təmorroo
de dag tevoren	**the day before**	ðə dee bifôô
de volgende dag	**the next day**	ðə nekst dee
2 dagen geleden	**2 days ago**	2 deez əghoo
over 3 dagen	**in 3 days' time**	in 3 deez taim
vorige week	**last week**	laast ᵒᵉiek
volgende week	**next week**	nekst ᵒᵉiek
feestdag	**holiday**	hollidi
vakantie	**holidays**	hollidiz
verjaardag	**birthday**	beuθdee
vrije dag	**day off**	dee of
werkdag	**working day**	ᵒᵉeuking dee
jaar	**year**	jieə
maand	**month**	manθ
week	**week**	ᵒᵉiek
weekeinde	**weekend**	ᵒᵉiekend
weekdag	**weekday**	ᵒᵉiekdee
dag	**day**	dee

NASLAGRUBRIEK

Maanden

januari	**January**	dzjænjoeəri
februari	**February**	febroeəri
maart	**March**	maatsj
april	**April**	eepril
mei	**May**	mee
juni	**June**	dzjōēn
juli	**July**	dzjoelai
augustus	**August**	ôôghəst
september	**September**	septembə
oktober	**October**	oktoobə
november	**November**	nowembə
december	**December**	disembə
sinds juni	**since June**	sins dzjōēn
in augustus	**in August**	in ôôghəst
3 maanden geleden	**3 months ago**	3 manθs əghoo
vorige maand	**last month**	laast manθ
volgende maand	**next month**	nekst manθ
de maand daarvoor	**the month before**	ðə manθ bifôô
de maand daarop	**the following month**	ðə follooᵒᵉing manθ

De datum kan op verschillende manieren geschreven worden:

1 maart	**March 1/March 1st** **1 March/1st March**
29 mei	**May 29/May 29th** **29 May/29th May**

Brieven kunnen als volgt gedateerd worden:

London, 24 april 19 ..	**London, April 24th, 19 ..**
Leeds, 1 november 19 ..	**Leeds, November 1st, 19 ..**

Jaargetijden

lente/zomer	**spring/summer**	spring/sammə
herfst/winter	**autumn/winter**	ôôtəm/ᵒᵉintə
in de lente	**in spring**	in spring
in de zomer/'s zomers	**in summer**	in sammə
in de herfst	**in autumn**	in ôôtəm
in de winter/'s winters	**in winter**	in ᵒᵉintə

Feest- en gedenkdagen

	Engeland en Wales	Schotland
New Year's Day	1 januari	1 en 2 januari
St. David's Day	1 maart (alleen in Wales)	
Spring Bank Holiday (May Day)	eerste maandag van mei*	eerste maandag van mei*
Spring Bank Holiday	laatste maandag van mei	laatste maandag van mei*
Summer Bank Holiday	laatste maandag van augustus	eerste maandag van augustus
Christmas Day	25 december	25 december
Boxing Day	26 december	26 december*

* wordt niet overal gevierd

Veranderlijke feestdagen:		
Goede Vrijdag	*Good Friday*	*Good Friday*
Tweede Paasdag	*Easter Monday*	

Behalve de hierboven genoemde feestdagen worden in Noord-Ierland ook nog de volgende feestdagen gevierd: *St. Patrick's Day* (half maart) en *Orangeman's Day* (half juli).

Gemiddelde temperaturen (in graden Celsius)

	Londen	Brighton	Blackpool	Aberdeen
januari	5	5	5	3
februari	6	5	4	3
maart	7	6	6	5
april	10	9	8	7
mei	13	12	11	9
juni	16	15	14	12
juli	18	17	16	14
augustus	18	17	16	13
september	16	16	14	12
oktober	12	12	11	9
november	8	8	7	5
december	6	6	5	4

Gangbare afkortingen

AA	Automobile Association	Britse automobielclub
A.D.	Anno Domini	na Christus
a.m.	ante meridiem (before noon)	de tijd tussen 0 en 12 uur
Ass.	association	vereniging
Ave.	avenue	avenue
BBC	British Broadcasting Corporation	Britse radio- en televisie-maatschappij
B.C.	before Christ	voor Christus
BR	British Rail	Britse spoorwegen
Brit.	Britain; British	Groot-Brittannië; Brits
CID	Criminal Investigation Department	afdeling criminele recherche van Scotland Yard
c/o	(in) care of	per adres
Co.	company	maatschappij
corp.	corporation	vennootschap
dept.	department	departement, afdeling
e.g.	for instance	bijvoorbeeld
excl.	excluding; exclusive	exclusief
ft.	foot/feet	voet (30,5 cm)
GB	Great Britain	Groot-Brittannië
i.e.	that is to say	dat wil zeggen
in.	inch	duim (2,54 cm)
incl.	including, inclusive	inclusief
lb	libra = pound	pond (gewicht)
Ltd.	limited company	naamloze vennootschap
M.D.	Doctor of Medicine	arts
M.P.	Member of Parliament	lid van het Lagerhuis
mph	miles per hour	mijl per uur
Mr./Mrs.	Mister/Missus	meneer/mevrouw
Ms.	Missus/Miss	mevrouw/mejuffrouw
N.B.	please note	nota bene
p.	page; penny/pence	bladzijde; 1/100 van een pond
p.a.	per annum	per jaar
PO	post office	postkantoor
P.T.O.	please turn over	zie ommezijde, a.u.b.
RAC	Royal Automobile Club	Koninklijke automobielclub
Rd.	road	straat, weg
RSVP	please reply	verzoeke gaarne antwoord
Soc.	society	maatschappij, genootschap
St.	saint; street	sint; straat
UK	United Kingdom	Verenigd Koninkrijk
VAT	value added tax	BTW
VIP	very important person	zeer belangrijk persoon

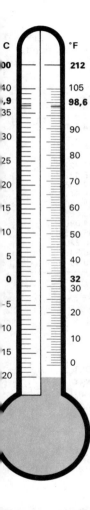

Omrekeningstabellen

Inches en centimeters

Om van centimeters inches te maken, vermenigvuldigt u met 0,39.

Om van inches centimeters te maken, vermenigvuldigt u met 2,54

12 inches (in.) = 1 foot (ft.)
3 feet = 1 yard (yd.)

	in.	feet	yards
1 mm	0,039	0,003	0,001
1 cm	0,39	0,03	0,01
1 dm	3,94	0,32	0,10
1 m	39,40	3,28	1,09

	mm	cm	m
1 in.	25,4	2,54	0,025
1 ft.	304,8	30,48	0,304
1 yd.	914,4	91,44	0,914

(32 meter = 35 yards)

Temperatuur

Om °C tot °F om te rekenen, vermenigvuldigt u eerst het aantal graden C met 1,8 en telt u er vervolgens 32 bij.

Om °F tot °C om te rekenen, moet u van het aantal graden F eerst 32 aftrekken en dan door 1,8 delen.

Gewichten

Het middelste cijfer geeft zowel kilogrammen als ponden aan, bijvoorbeeld 1 kilogram = 2,20 pond en 1 pond = 0,45 kilogram

Kilogram		Pond
0,45	**1**	2,205
0,91	**2**	4,409
1,36	**3**	6,614
1,81	**4**	8,818
2,27	**5**	11,023
2,72	**6**	13,227
3,17	**7**	15,432
3,62	**8**	17,636
4,08	**9**	19,841
4,53	**10**	22,045
6,80	**15**	33,068
9,06	**20**	44,090
11,33	**25**	55,113
22,65	**50**	110,225
33,98	**75**	165,338
45,30	**100**	220,450

Windstreken

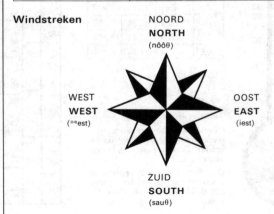

NOORD
NORTH
(nôôθ)

WEST
WEST
(°°est)

OOST
EAST
(iest)

ZUID
SOUTH
(sauθ)

NASLAGRUBRIEK

Meters en voeten

Het middelste cijfer geeft zowel meters als voeten aan, bijvoorbeeld 1 meter = 3,281 voet en 1 voet = 0,30 meter.

Meter		Voet
0,30	1	3,281
0,61	2	6,563
0,91	3	9,843
1,22	4	13,124
1,52	5	16,403
1,83	6	19,686
2,13	7	22,967
2,44	8	26,248
2,74	9	29,529
3,05	10	32,810
3,35	11	36,091
3,66	12	39,372
3,96	13	42,635
4,27	14	45,934
4,57	15	49,215
4,88	16	52,496
5,18	17	55,777
5,49	18	59,058
5,79	19	62,339
6,10	20	65,620
7,62	25	82,023
15,24	50	164,046
22,86	75	246,069
30,48	100	328,092

NASLAGRUBRIEK

Andere omrekeningstabellen

Wat betekent dit?

Admittance free	Vrije toegang
B & B (Bed and Breakfast)	Kamer met ontbijt
Beware of the dog	Wacht u voor de hond
Cashier	Kassa
Caution	Voorzichtig
Closed	Gesloten
Cold/Hot	Koud/Warm
Danger	Gevaar
Danger of death	Levensgevaar
Do not block the entrance	Ingang vrijhouden
Do not disturb	Niet storen, a.u.b.
Do not touch	Niet aanraken
Emergency exit	Nooduitgang
Enter without knocking	Binnen zonder kloppen
Entrance	Ingang
Exit	Uitgang
For hire	Te huur
For sale	Te koop
… forbidden	… verboden
Gentlemen	Heren
High tension	Hoogspanning
Information	Inlichtingen
Keep out	Geen toegang
Ladies	Dames
No admittance	Verboden toegang
No littering	Verboden afval te storten
No smoking	Verboden te roken
No vacancy	Vol
Open	Geopend
Out of order	Buiten werking
Pedestrians	Voetgangers
Please ring	Bellen, a.u.b.
Please wait	Wachten, a.u.b.
Private	Privé
Private road	Privéweg
Public conveniences	Toiletten
Pull	Trekken
Push	Duwen
Reserved	Gereserveerd
Sale	Uitverkoop
Sold out	Uitverkocht
To let	Te huur (kamer)
Up/Down	Boven; omhoog/Neer; omlaag
Vacant	Vrij
Wet paint	Pas geverfd

In geval van nood

Als u plotseling iets overkomt, hebt u geen tijd om bijvoorbeeld op deze bladzijde het Engels voor „Houdt de dief" op te zoeken. Bekijk dit korte lijstje dus van te voren en let vooral goed op de in hoofdletters gedrukte woorden.

Het algemene alarmnummer voor brandweer, politie en ziekenauto is 999.

Ambassade	**Embassy**	embəsi
Blijf van me af	**Keep your hands to yourself**	kiep jôô nændz tōē jôô**self**
BRAND	**FIRE**	faiə
Consulaat	**Consulate**	**kon**sioelət
GEVAAR	**DANGER**	**deen**dzjə
Ga weg	**Go away**	ghoo ə**ᵒᵒee**
Haal snel hulp	**Get help quickly**	ghet help k**ᵒᵉik**li
Haast u	**Be quick**	bie k**ᵒᵉik**
HALT	**STOP**	stop
HELP	**HELP**	help
Hou die man tegen	**Stop that man**	stop ðæt mæn
HOUDT DE DIEF	**STOP THIEF**	stop θief
Ik ben verdwaald	**I'm lost**	aim lost
Ik ben ziek	**I'm ill**	aim il
Ik heb ... verloren	**I've lost ...**	aiw lost
Kom binnen	**Come in**	kam in
Kom hier	**Come here**	kam hieə
Laat me met rust	**Leave me alone**	liew mie ə**loon**
PAS OP	**LOOK OUT**	loek aut
POLITIE	**POLICE**	pə**lies**
Roep de politie	**Call the police**	kôôl ðə pə**lies**
Vlug	**Quick**	kᵒᵉik
VOORZICHTIG	**CAREFUL**	keəfəl
Waarschuw een dokter	**Get a doctor**	ghet ə **dok**tə

NASLAGRUBRIEK

AUTO-ONGEVALLEN, zie blz. 149

190

Register

Aankomst	22
Afkortingen	184
Afspraakjes	95
Auto	142
benzinestation	142
douane, documenten	145
onderdelen	151
ongevallen	149
parkeren	147
pech	150
reparatie	158
verhuur	25
Bagage	24, 69
Ballet	83
Bank	134
Bezienswaardigheden	77
Bioscoop	81
Casino	86
Concert	83
Dagen v/d week	181
Dansen	85
Dokter	162
Douane	22, 145
Dranken	58
Eerste hulp	162
Etenstijden	40
Feestdagen	183
Fooien	1
Fotograferen	112
Geld	134
Geld wisselen	24, 134
Getallen	175
Gokken	86
Grammatica	7
Grammofoonplaten	111
Gevonden voorwerpen	71
Hotel	28
inschrijven	32
moeilijkheden	35
ontbijt	34
personeel	33
receptie	29
service	33
telefoon en post	36
vertrek	37
Jaargetijden	182
Kampeeruitrusting	117
Kamperen	90
Kapper	119
Kennismaken	93
Kerkdiensten	80
Kleding	121
maten	124
stoffen	123
Kleuren	122
Kruier	24, 69
Landen	174
Lichaamsdelen	163
Maanden	182
Maten (kleding en schoenen)	124
Muziek	83, 111
Nachtclubs	84
Nuttige uitdrukkingen	17
Omrekeningstabellen	
bandenspanning	143
gewichten	129, 186
mijlen/kilometer	144
temperatuur	185
vloeistoffen	142
Ontbijt	34
Ontspanning	81

REGISTER

Enkele beslist noodzakelijke woordjes

Ja/Nee.	**Yes/No.**	jes/noo
Alstublieft.	**Please.**	pliez
Dank u wel.	**Thank you.**	θænk jōē
Neemt u mij niet kwalijk.	**Excuse me.**	ekskjōēz mie
Het spijt me.	**I'm sorry.**	aim sorri
Ober/Juffrouw!	**Waiter/Waitress!**	ᵒᵉeetə/ᵒᵉeetris
Wat kost dat?	**How much is that?**	hau matsj iz ðæt
Waar zijn de toiletten?	**Where are the toilets?**	ᵒᵉeeraa ðə toilits

---

TOILETS/PUBLIC CONVENIENCES/WATER CLOSET

GENTLEMEN
(dzjentəlmən)

LADIES
(leediz)

Kunt u mij zeggen ...?	**Please could you tell me ...?**	pliez koed jōē tel mie
waar/wanneer/ waarom	**where/when/why**	ᵒᵉeə/ᵒᵉen/ᵒᵉai
Waar is de/het ... ambassade/ consulaat?	**Where's the ... embassy/ consulate?**	ᵒᵉeəz ðə ... embəssi/ konsioelət
Nederlandse Belgische	**Dutch Belgian**	datsj beldzjən
Ik ben verdwaald.	**I'm lost.**	aim lost
Kunt u mij helpen, a.u.b.?	**Could you please help me?**	koed jōē pliez help mie
Wat betekent dit?	**What does this mean?**	ᵒᵉot daz ðiš mien
Ik begrijp het niet.	**I don't understand.**	ai doont andəstænd

BERLITZ®

De talenscholen van Berlitz zijn wereld-bekend. Maar
Berlitz is meer: een internationaal vermaard uitgever van
alles wat met reizen heeft te maken (reis- en taalgidsen,
woordenboeken, maar ook taalcassettes en -
cursussen voor zelfstudie).
Berlitz gidsen zijn onder-
houdend en laten zich
moeiteloos lezen. Zij bieden
een schat aan informatie:
bondig, nauwkeurig en steeds
up to date. Door hun
handzaam formaat passen ze
in elke broekzak.
Ontdek het ook, net als
miljoenen wereldreizigers
vóór u: op vakantie of
zakenreis - Berlitz hoort erbij.

BERLITZ®

Reisgidsen, Taalgidsen en -
cassettes van wereldklasse

Berlitz uitgeversmaatschappij

BERLITZ Gidsen
wereldwijd aan de to

REISGIDSEN
Berlitz reisgidsen: modern uitgevoerd en up to date, vriendelijk
voor uw beurs en uw bagage. 128, 192 of 256 pagina's met
kleurenfoto's, kaarten en plattegronden bieden u alle informati
die u nodig heeft: over wat er te zien en te doen valt, over
inkopen doen, eten en drinken..., etc, etc.

BELGIË	Brussel		Thessaloniki en Noord-Griekenlan
NEDERLAND	Amsterdam	GROOT-BRITTANNIË	Kanaal Eilanden Londen
CYPRUS	Cyprus		Oxford en Stratfor Schotland Ierland
DUITSLAND	Berlijn München Rijndal		
		ITALIË	Adriatische Kust Florence Italiaanse Rivièra Rome Sicilië Venetië
FRANKRIJK	Bretagne Franse Rivièra Parijs Vallei van de Loire		
GRIEKENLAND	Athene Griekse Eilanden Korfoe Kreta Rhodos	JOEGOSLAVIË	Dubrovnik en zuid Dalmatië Istrië en de Kroatis Kust Split en Dalmatië

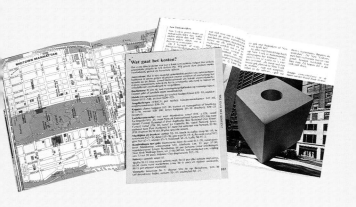

TAALGIDSEN

Berlitz taalgidsen zijn de meest verkochte ter wereld. Zij bevatten alle woorden en uitdrukkingen die op reis van pas kunnen komen. Bij elk woord staat de uitspraak aangegeven. 19 pagina's.

Duits	Italiaans
Engels	Joegaslavisch
Amerikaans-Engels	Portugees
Frans	Russisch
Grieks	Spaans

TAALCASSETTES

De ideale combinatie voor op reis: een taalgids een tweetalige hi-fi cassette om de uitspraak va de taal machtig te worden. Gewoon luisteren e nazeggen!
Bij elke set hoort een begeleidend boekje met hulp bij de uitspraak en de volledige tekst van cassette.

Engels	Frans	Grieks
Spaans	Duits	Italiaans

WOORDENBOEKEN

12.500 woorden in het Nederlands en in de vreemde taal, met de uitspraak bij elk trefwoor Daarnaast de meest praktische uitdrukkingen voor op reis en een culinaire woordenlijst. Mee dan 350 pagina's.

Duits	Frans	Portugees
Engels	Italiaans	Spaans

Met Berlitz gidsen heeft u de wereld op zak!